はじめに

〝捨て活〟とは、読んで字のごとく、ものを捨てる活動のこと。不要なものを捨てるという意味では〝断捨離〟に通じますが、ものへの離欲によって、身軽に生きる思考を身につける断捨離に対し、〝何を捨て、何を残すか〟ということに重きをおいているのが、捨て活。覚悟してやるというよりは、もっと気軽に、ちょっとやってみるか……くらいの気持ちで始められるものではないかと思っています。

部屋が片づくのはもちろん、自分の嗜好に気がついたり、本当に好きなものが見つかったり。捨てる前には思いもしなかった世界が広がるのも捨て活の魅力。

本書では、そんな捨て活を経て変わった、私の暮らしをご紹介します。40代独身、ひとり暮らし。住まいは賃貸アパートメント。

残したいもの——。それは自分らしく生きるために必要なもの。

VOL VI
ARK
JOURNAL
SPACES

あらためまして自己紹介を。

apartment301と申します。長年、食品の販売員をしていましたが、捨て活後のすっきりとした部屋の様子や、ワンルームでの〝シンプル暮らし〟をインスタグラムに投稿したことをきっかけに、インテリアや片づけアドバイスを行うようになりました。

ですが、もともとは人としゃべるのは苦手。初対面の人と話すなんてとんでもない、というタイプでした。

小さいころから親の顔色をうかがい、親の望む人物像をめざしていたせいか、自分がやりたいこと、なりたいものがわからないまま大人になりました。自分が暮らしてきた〝うち〟のルールがすべて。友人の家にもほとんど遊びに行ったことがなかったので、よそと比べることもなく、それが当たり前なのだと思って生きてきました。

そんな私が変わり始めたのは、30歳を過ぎ、ひとり暮らしをスタートさせてから。

生まれて初めてひとりで暮らしてみると、狭い賃貸のワンルームでは、ゴミは収集日までベランダで保管したり、シンクの中にレジ袋を置いてゴミ袋にするなどの実家ルールでは暮らせないことに気がつきました。それらを手放し、少しずつマイルールをつくりながら、〝自分なりの暮らし〟をイチからつくり上げていく、おもしろさ。それは自立したからこそ得られる醍醐味でした。

そこに好みの家具を置いて、おしゃれな雑貨を飾り……。ごく一般的な賃貸の物件が自分の家、自分の居場所になっていくのがとてもうれしくて、少しずつ増えていったものたち。空間を隅から隅まで無駄なく使いこなすべく、寸法をきっちり測って、ものをおさめることに喜びを感じるようになっていきました。そんなこんなで気がつけば、手狭になってしまったわが家。そのころの私は〝ものを減らす〟ことなど思いつきもせず、〝もうちょっと広い部屋だったらいいのになぁ〟などと呑気に考えていたのです。

そんなときに起こった熊本地震。わが家のエリアは震度6強を超える大きな揺れでした。きれいにしまってあったはずの持ち物は、揺れに耐えきれずに倒れた棚や、揺れたはずみで開いてしまった扉から飛び出して、床を埋めつくしてしまいました。

このとき初めて、こんなにたくさんのものを持っていたことに気づいたのです。そして、ものはときに凶器となってしまうのだ、とも思いました。

壊れたものを片づけながら、私はおそらく生まれて初めて、〝手放す〟ということに真剣に向き合ったのだと思います。〝ものは大事に使いなさい〟〝捨てるなんてもったいない〟と、言い聞かされて大人になった私が初めて経験する手放しの作業。思い出のあるものたちをゴミ袋に入れるたび、胸が締めつけられる思いがしましたが、いろんなものを手放してみてわかったことがひとつ。それは、私には、そんなにたくさんのものは必要なかった、ということでした。

被災後、
部屋の片づけを
していたときの様子

震災直後は、倒れた家具や家電、散乱したものが床を埋めつくし、まさに足の踏み場もない状態。これらの写真は片づけてしばらくたってからの状態です。今までは収納していたから気づかなかったのですが、視覚化してみると、持ち物って、思っている以上にあるものです。

目次

第3章　自分をいたわる暮らしの習慣

第1章

〝捨て活〟で自分を見つける

ものと向き合うことは、自分と向き合うこと

地震で壊れたものを処分し、家の中の物量が減ると、自然と家全体の持ち物を見直したくなりました。

――これが、今の私に至る、捨て活の始まり。

壊れたものを捨てるという経験を経て、手放しに対するハードルが下がったのかもしれません。

いざ、腰を据えてひとつひとつのものに向き合ってみると、大事にとってあるもののほとんどは、今、使っていないものばかりでした。特に押入れの中は、〝いつか使うかもしれないもの〟で、あふれかえっている始末。それをしまうための大量の衣装ケースが貴重な空間を支配し、必要なものは、どんどん窮屈に、とり出しにくくなっている

……。この光景を見て、〝ものをとっておくことが、ものを大事にすることではない〟ということを、まざまざと思い知らされました。

暮らしは、経年とともに形づくられていくものだから、それに伴い、自然とものが増えていきます。ですが、それがすべて「今」の自分に必要なものとは限りません。時間は流れ、〝それ〟を迎えたときとは自分の思いや状況も違っているはず。がんばって買ったものでも、まだ使えるものでも、今の自分と照らし合わせると、もうサイズアウトしてしまっているものかもしれません。

それを思い出としてとっておきたくなる気持ちもなくはないのですが、できれば過去ではなく、未来のためにスペースをとっておきたい。私に必要なのは、今の私が使うものだけ。それだけでいいはず。

ひとり暮らし歴が長くなるほどに、ワンルームでは手狭だと感じるようになっていましたが、実際はワンルームのスペースで事足りるものだけで、私は幸せに暮らしていけるのだと気づきました。

捨て活前の部屋の様子。整理整頓を心がけていましたが、ものが多かったので、片づけやそうじが面倒でもありました。枕やクッションなんてひとつあればじゅうぶんなのに5つも(笑)。

〝捨て活〟の経緯

被災して壊れたものを捨てたところからスタートした、私の捨て活ライフ。

　まだ使えるけど、もう使わないと思ったものは震災後1カ月くらいまでの間に処分し、生活用品や服などは、リサイクルショップへ持ち込みました。フリマアプリの「メルカリ」を使い始めたのは、ある程度、持ち物が少なくなってから。

　ものが多いうちは、一気に片づけてしまったほうが、捨て活のモチベーションが上がります。

玄関まわり

2017年12月

少しの空間も無駄にしたくなくて、わずかな隙間や壁面も収納に使っていました。

↓

ものが少ないって
気持ちいい〜

2019年1月

地震でガタついてしまっていた背の高い靴箱を撤去したら、空間が広々！

リビング・寝室

2018年2月

“リビングにはソファ”という思い込みから、ひとり暮らしなのに2シーターのソファが。

↓

2018年4月

ソファを手放し、多用途で使えるスツールに。ダラダラしてしまう時間も減りました。

押入れ

2016年11月

上段は衣類、下段は衣装ケースでぎゅうぎゅう。しまうのも出すのも面倒……。

2016年12月

衣類を減らし、上段がすっきり。可視化できるようになり、服選びがラクになりました。

お店のように、
楽しく服を選びたい!

2017年12月

さらに服を厳選し、大好きな服だけに。収納方法も“しまう”から“飾る”に変化しました。

2019年1月

下段に詰め込んでいた衣装ケースをすべて手放すことに。空間が広がって、得した気分。

手放せる自分になろう

まずはゴミ捨てで〝捨てる練習〟をする

ものを捨てるのが苦手な人が、いきなりものを捨てられるようにはなりません。つまり〝手放し〟にも練習が必要。捨てても心が痛まないもので、捨てることに慣れていかねばなりません。棚の中に賞味期限切れの食材はありませんか。まずはそういったゴミをきちんと捨てることから始めましょう。

〝捨て活〟で利益を上げようと欲を出さないこと

まだ使えるものを捨てるのは忍びないという気持ち、すごくわかります。ですが、もったいないという気持ちを手放さない限り、なかなかものは減らせません。リサイクルする際は、売るのではなく、譲るの精神で。「もったいないことをしたな」という胸の痛みを実感することが、今後の暮らしに役立ちます。

〝捨てるもの〟ではなく〝残すもの〟を選ぶ

ものを捨てるのに抵抗感がある。その原因のひとつに、ものを自分の一部としてとらえてしまうことが挙げられます。ものはもの。それがなくなっても思い出が消えるわけではありません。卒業すべきものに執着するのではなく、これからをともに過ごしたいものに目を向けましょう。

「今」必要なものだけに

持ち物を取捨選択するなかで、一瞬判断に迷うものがあります。それは、いつか使うかもしれないもの。状態のいいものであったり、高価な品だったりするとなおさら。ですが経験上、それらをとっておいても使うことはほぼありませんでした。〝いつか〟の保険で、〝今〟の空間が窮屈になっては本末転倒です。

捨て活は、数にとらわれてはダメ。自分の暮らしに合った〝心地いい物量〟の目安を持とう

ものに溢れていた部屋がすっきりする。この捨て活による爽快感は、本当に気持ちのいいものです。ただ、この爽快感を得たいがために、〝捨てるものを探す〟というのは、誤った方向。捨て活は、快楽を得るための手段ではありません。定期的なものの見直しによって、部屋をすっきり、暮らしをスムーズにするためのものと心得ましょう。

かくいう私も、捨て活に励むうちに、どんどんものがなくなり、一時期、部屋が殺風景になってしまったことがあります。ただ、そのときも考え方の軸にあったのは、今、自分が何を大事にしたいか、ということ。当時は多くの人に接する仕事に就いていて、視覚的にもにぎやかな職場に勤めていたので、家では疲れを回復させるために、極力

目を休め、無になれる部屋づくりが必要だったのです。

今はまた少し事情が変わり、家で過ごす時間が長くなったから、好きな雑貨やキューーバチェア（p.44参照）を置いたりして、リラックスできる空間づくりを心がけています。

このように時と場合によって、心地いいと感じる物量は違うし、当然、人によっても違います。たとえるならダイエットのような感じでしょうか。適正体重は人それぞれであり、そもそも数字にばかりとらわれてはいけない、と注意喚起されていますよね。捨て活、すなわち、家の中のダイエットも同じこと。何個までしか持たないといったように、数字に執着するのは危険です。そうではなくて、自分が暮らしてみて、ちょうどいい分量、落ち着く分量があるはずなので、まずはその目安を探っていきましょう。それを基準に捨て活を行えば、捨てすぎてしまうことを避けられます。

"捨て活"後の愛用品

私の日々をつくるもの

服

このほかに「クリーニング預かりサービス」で保管してもらっている冬物アイテムが３着（コート、ダウンジャケット、ニット）あります。

1

「jujudhau」
ティアードドレス

スカート部分の段々に重なるティアードのシルエットが大好き。リネンコットンのしなやかな生地でサラッと着られます。

服と服飾小物は、白と黒を基調に。

私の"心地いい分量"は、これくらい

2

「homspun」丸胴テレコ
クルーネックプルオーバー

ほどよくフィットした形ながら、横方向の伸縮性に富んだ生地で、着心地のよさも抜群。コーデに合わせて着られるようにイロチ買いしました！

3

「F/Style」
ホールガーメント 綿ニット

軽やかなコットンニットは夏以外の３シーズンで大活躍。無縫製型編み機でつくられているので縫い目がなく、とてもなめらかな肌触りです。

4

「jujudhau」ワイドTシャツ

一枚で着てもサマになる、ゆったりとしたAラインシルエット。涼しく、体のラインをひろわないところが気に入っています。

5

「ゴーシュ」80/1
強撚フライス長袖Tシャツ

ほどよい透け感のあるTシャツで、インナーとして愛用しています。首元や袖口からチラッと覗かせることができる絶妙なラインが魅力。

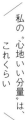

6

「Atelier d'antan」
Leiris ノーカラーコート

春や秋に羽織るコートとして。前ボタンを全部とめるとワンピースのようにもなるのが、うれしい。ウエスト部分を絞って着るとかわいらしい印象に。

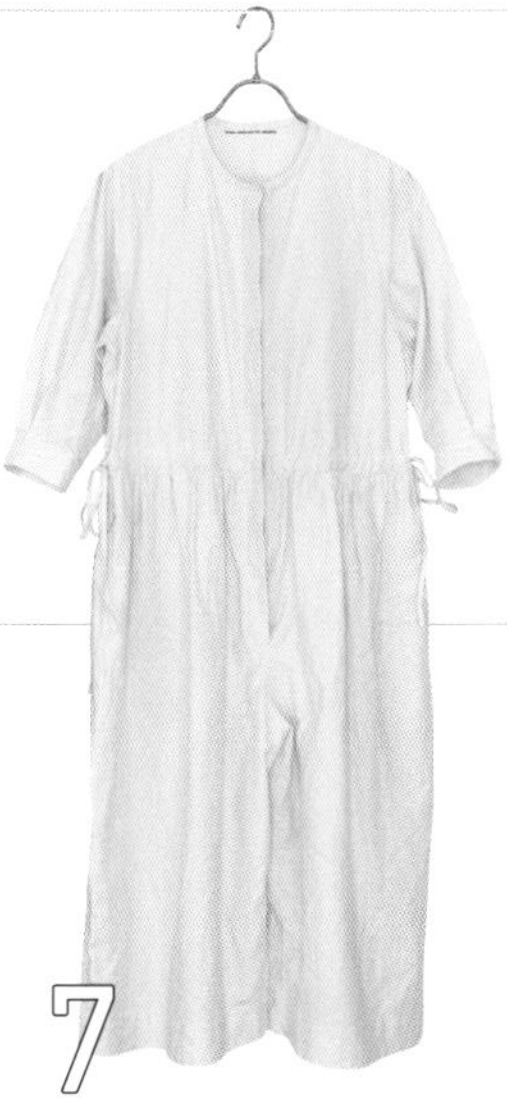

7

「TENNE HANDCRAFTED MODERN」ウエストストリング オールインワン

クリーム色のやさしい色みにひかれて購入しました。サラッと着られるラフな形ながら、ツヤのあるリネンコットン生地で、子どもっぽくならないところも気に入っています。

8

「TENNE HANDCRAFTED MODERN」ボリュームスリーブ オールインワン

右のクリーム色と同じく、リネンコットン素材のオールインワンですが、こちらは着丈が少し長めです。袖のたっぷりとしたボリューム感と、大きいポケットがデザインのポイントに。

9

「ゴーシュ」カツラギ ワイドキュロット

ハリとふくらみ感のあるコットン生地をたっぷり使ったボリュームのあるシルエット。裾を2回折り曲げてはいています。ウエストがゴムで着心地も抜群。

10

「homspun」ダブルポケット ギャザースカート

フロントの両サイドに施された2重のポケットのデザインにひと目ぼれ！　ウエストにはギャザーがたっぷり入り、はくとふんわり丸みを帯びたシルエットに。

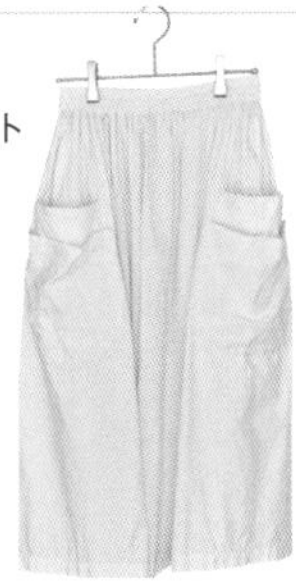

服飾小物

①

「ニューバランス」M1700

②

「CLERGERIE」BECKA ダービー

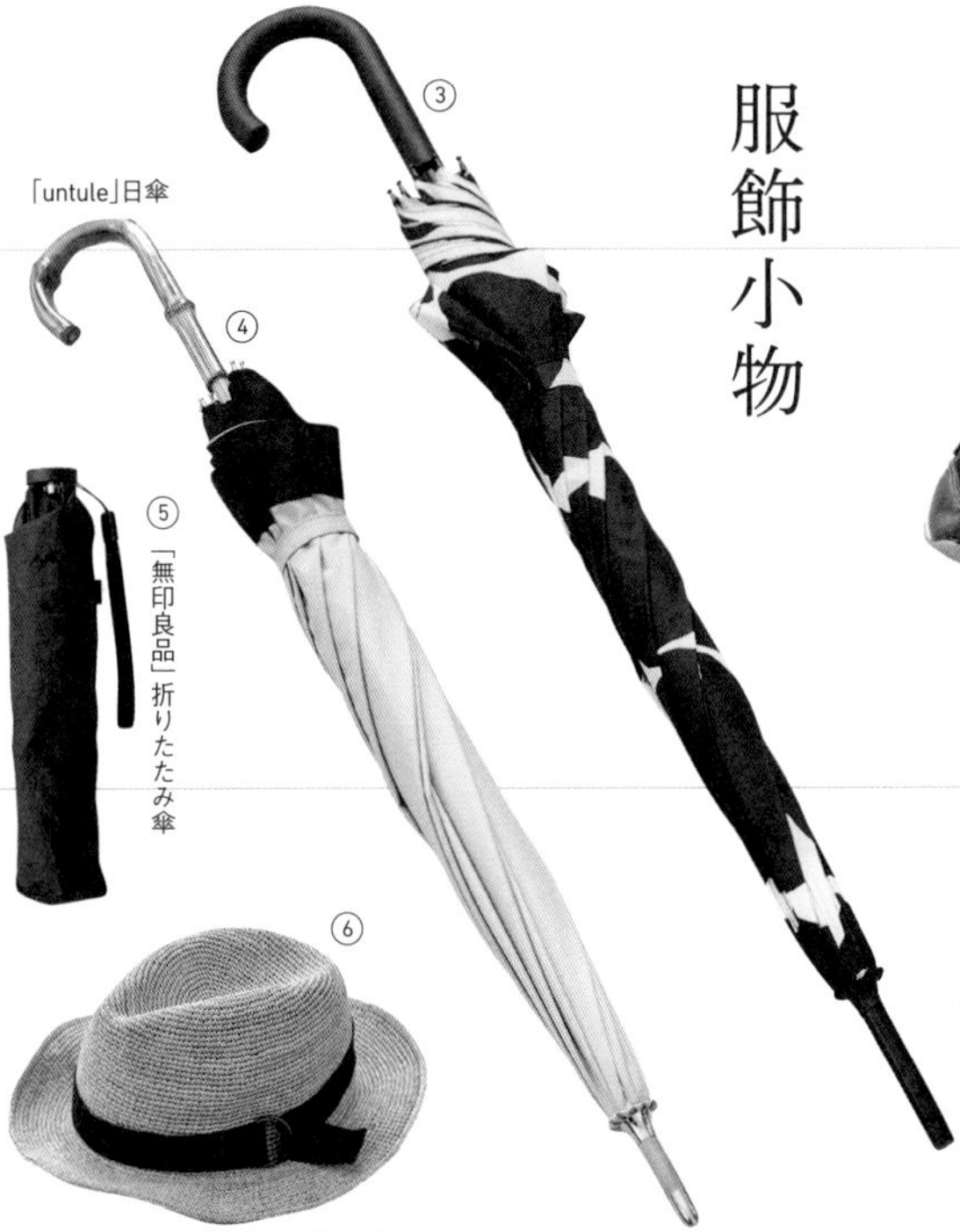

③

「マリメッコ」長傘

④

「untule」日傘

⑤

「無印良品」折りたたみ傘

⑥

「無印良品」UVカット 洗えて
たためる 中折れ帽子

⑦

「BOTTEGA VENETA」The Lug

⑧

「BOTTEGA VENETA」
パドル アンクルブーツ

⑨

「MARNI」カーフスキン ウェッジサンダル

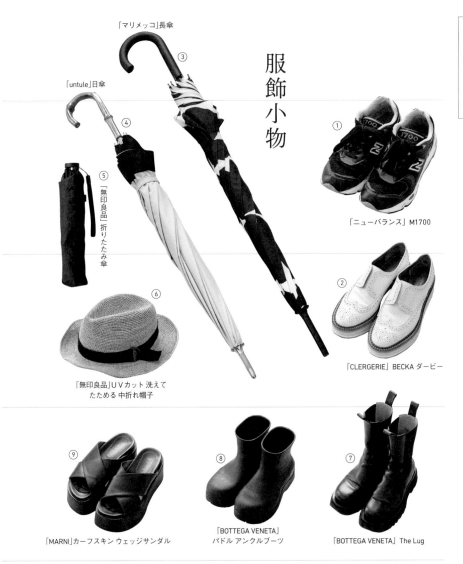

⑩

「French Bull」ナイトスカイストール

1. 履き心地のいい「ニューバランス」の中でも1000番以降のスニーカーの快適さは格別。2. クラシックなデザインですが、白なので軽快な印象も。3. 丸い石をモチーフにした“キヴェット”の柄がお気に入り。4. 完全遮光素材とかわいいドーム形にひかれて購入。雨傘としても使えて万能。5. 軽く、コンパクト。はっきりしない天気のときはこれを持参。6. 折りたためる形が便利。7. ソールが厚く、安定感のある形。シンプルながら華奢すぎないデザインが好みです。8. 以前はロング丈の長靴を使っていましたが、歩きやすいようにアンクル丈に買い替えを。丸いつま先がかわいい。9. ソールの厚さがデザインのポイントにも。履くとほんの少しスタイルがよく見えます。10. 冬の巻き物としてはもちろん、少し肌寒いときにもサラッと羽織れる、薄手の生地感が秀逸。

⑪

「R&D.M.Co-/ オールドマンズテーラー」
ウールタータンチェックトートバッグ

⑮

「DEAN & DELUCA」
クーラーバッグ M

⑯

「J&M DAVIDSON」
リップスティック ポシェット

⑫

「Maison Margiela」
グラムスラム ミディアム

11. 主に秋冬に。明るい色をとり入れたくなったときに使っています。12. 軽くて大容量。出張や旅行にはこのバッグで。13. 通帳がぴったり入り、貴重品をまとめておくのに便利なサイズ。14. エコバッグとして愛用中。丈夫で破れにくく、汚れても洗えるから気兼ねなく使えます。15. 食材を買いに行く際、必ず持っていくヘビーユースのエコバッグ。マチがあるので安定して持ち運べます。16. スマホとちょっとした小物を入れるのに、ちょうどいいサイズ。肩から下げられるショルダーは、手が自由に使えるのでバイクに乗るときにも重宝。17. ショルダーつきの長財布。現金が必要な病院などに行く際に使っています。18. ころんとした形が愛らしい。バッグinバッグとして愛用中。19. 大きくも小さくもない、ほどよいサイズ感。主に仕事に行くときに使っています。

⑬
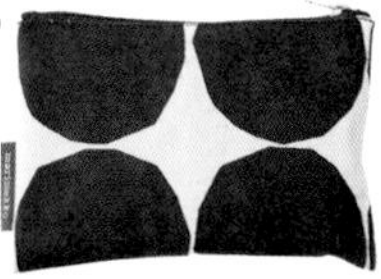
「マリメッコ」ポーチ

⑱
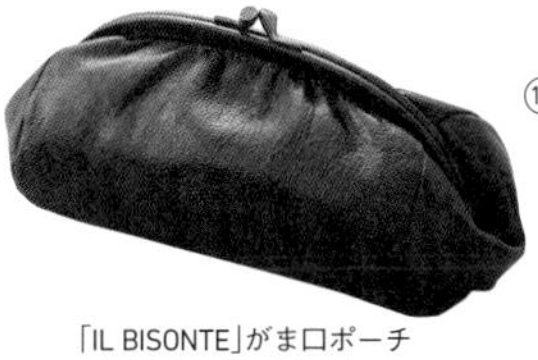
「IL BISONTE」がま口ポーチ

⑭

「マリメッコ」
スマートバッグ

⑲

「Paul Harnden」チャンキーバッグ

⑰
「R&D.M.Co-/
オールドマンズテーラー」
ショルダーウォレット

キッチン用品

① 「マリメッコ」マグカップ

② 「マリメッコ」ティーカップ

③ 「マリメッコ」ラテマグ

④ 「イッタラ」カルティオ タンブラー

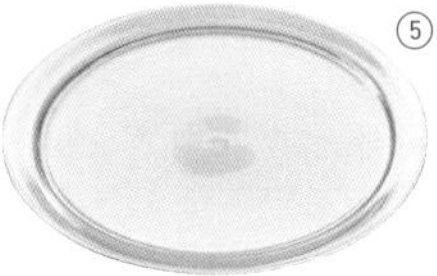

⑤ 「Peter ivy」Small Rim Plate

⑪ 「イッタラ」ピアノ カトラリー

⑩ 「東屋」バターナイフ

⑫ 「無印良品」トレー

1. たくさん持っていたマグカップはこれひとつに。2. 主にスープの器として使用。3. 毎朝飲むトマトジュースはこのマグで。レンチンできて便利。4. 長年の愛用品。限定カラーなども持っていましたが今はクリアを1個だけ。5. 気分を上げたいときにスイーツ用の器として。薄く、波紋のような形跡が美しい。6. 刺し身用のしょうゆを入れたり、ティーバッグでお茶を入れるときにマグカップにかぶせて蒸らしたり、多用途に使えます。7. フルーツを盛るときに。白い器は食材の色がきれいに見えます。8. サラダ用。収納スペース内におさまるサイズだった点が購入の決め手に。9. 直径14.5cmの小さめのプレート。和食器ながら、洋食器と合わせてもサマになります。10. 真鍮の持ち手にひかれて。バターナイフですが、テーブルナイフとして使用中。11. 丸みを帯びたハンドルや光沢感が優美な雰囲気。ひとり暮らしなので、1本ずつ購入しました。12. 朝食が全品載る大きめのサイズ。長年愛用しています。13. ティータイム用。やわらかな木目の質感と伝統的な木瓜の形にひかれました。水や汚れに強い無機ガラス塗装仕上げで、気兼ねなく使えます。

⑦ 「マリメッコ」ボウル

⑥ 「イッタラ」ティーマ ティーミ ディッシュ

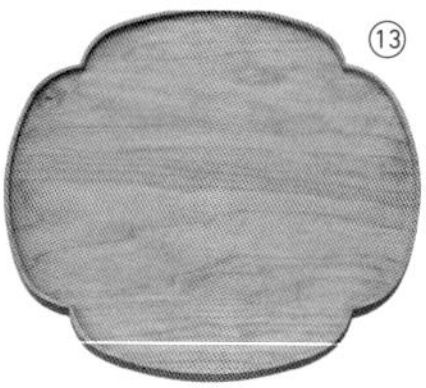

⑬ 「kiwaha」木瓜折敷 楓 九寸

⑨ 「ハサミポーセリン」プレート

⑧ 「zen to」plate245

⑭

「バルミューダ」電気ケトル

⑯

「STAUB」Wa-NABE Sサイズ

⑮

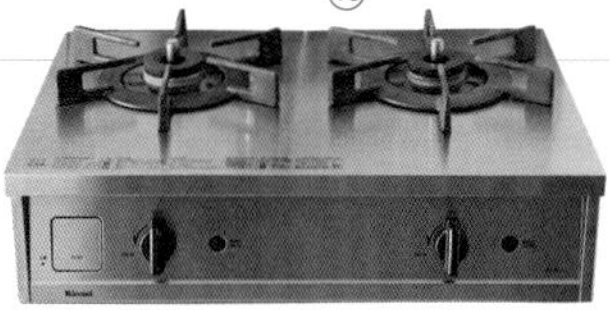

「リンナイ」ガステーブルVamo.

⑰

「馬場勝文陶工房」
スープポット

㉑

「バルミューダ」電子レンジ

⑳

「silit」シラルガン
圧力鍋2.5ℓ

⑲

「無印良品」すす竹杓文字

⑱

「leye」
計量みそマドラー

㉒

「エピキュリアン」
カッティングボード

㉗

「無印良品」冷蔵庫157L

㉖

「無印良品」菜箸

㉕

「無印良品」柄の長い計量スプーン

㉔

「無印良品」シリコーン
調理スプーン

㉓

「無印良品」ナイロンレードル

㉘

「ツヴィリング J.A. ヘンケルス」
ナイフセット

㉙

「la base」
ボウル、ざる

14. 空間になじむシンプルなデザインがうれしい。15. 天面がフラットでお手入れしやすく、清潔に保てます。16. 食卓にそのまま出せるサイズ感。蒸し料理をよくします。17. ころんとした形にひと目惚れ。直火にかけられます。18. 味噌の計量が容易で、いつも同じ味の味噌汁に。19. ごはんをあまり炊かないわが家では、味噌を保存容器に移し変える道具として。20. 圧力鍋では珍しい白のカラーリングにひかれました。21. つまみやダイヤルなど細部までシンプルで美しい。22. 軽くて扱いやすい大きさ。吊るして乾かせるのが便利。23. 使いやすさピカイチ。24. よくしなるので、鍋の形に沿ってこそげとることができます。25. 瓶の底まですくえる柄の長さが◎。26. たまたま買ったものですが、とても使いやすく手放せないアイテムに。27. ひとり暮らしにちょうどいいサイズ。カクカクしている形も好き。28. 三徳包丁、シェフナイフ、ペティナイフとキッチンばさみがセットに。ひとり暮らしを始めたときに買いました。29. 中サイズと小サイズを愛用中。ざるは縁のつなぎ目がないので汚れがたまらず、洗いやすいです。

〝捨て活〟後の愛用品

生活用品

①「無印良品」二重ガーゼクルタ

② ガウン

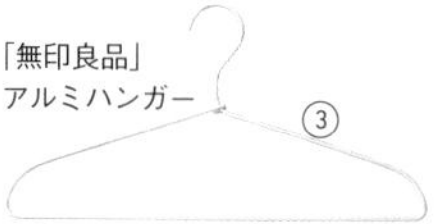

③「無印良品」アルミハンガー

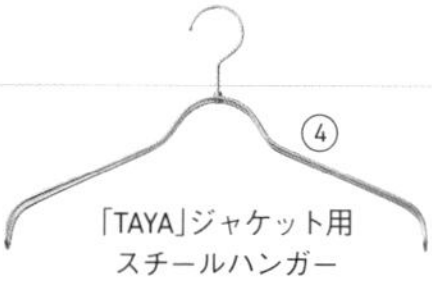

④「TAYA」ジャケット用スチールハンガー

⑤「TAYA」ボトム用スチールハンガー

⑥「無印良品」パイル織り2枚組ロングタオル

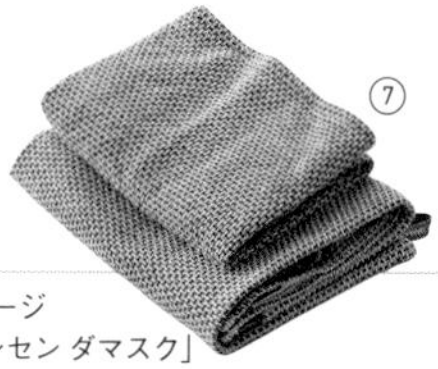

⑦「ジョージ ジェンセン ダマスク」エジプト ティータオル

⑧「無印良品」ハンドタオル

⑫「DRAW A LINE」Tension Rod, HookB

1. パジャマは一年中これ。災害にあってもそのまま避難できるデザインで、安心。2. 冬場の必需品。襟とポケットがついているところがお気に入り。3. 洗濯ものを干すときに。シンプルでよし！ 4. 機能性重視の美しいデザイン。コートやワンピースなど、型崩れを防ぎたい服はこれに。5. 無駄のないデザインでクローゼットが美しく見えます。6. 顔や体拭き用に。薄手ですが吸水力は抜群。片面パイル、片面平織りで乾きやすいのもうれしい。7. サイズ違いで2枚購入。大きいサイズは食器拭き、ハーフサイズは手拭き用にしています。8. ハンドタオルを台拭きとして使用中。小さめのサイズと吸水性のよさが気に入っているのですが、廃番になってしまったようで残念。9. あまりティッシュを使わない私にとって、ベストのサイズ感。10. 繰り返し使えるガラスのボトルにひと目ぼれ。香りも好みです。11. 下着類や小物などを収納してクローゼットの中に吊るしています。薄くてコンパクトなので、目立ちません。12. 着丈の長い洋服をかけている縦型の突っ張り棒。マットな塗装、ネジには真鍮が使われるなど、インテリア性の高さが◎。

BACK　FRONT

⑪「無印良品」吊るせる収納

⑨「無印良品」アクリル卓上用ティッシューボックス、ペーパー

⑩「FRAMA」APOTHECARY ハンドウォッシュ・ハンドローション

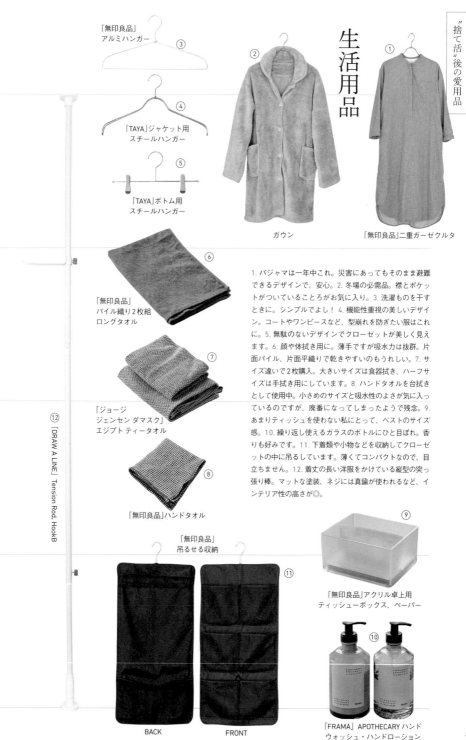

⑰ 「DANESE Timor」
卓上万年カレンダー

⑯ 「無印良品」ステンレス水差し

⑮ 「uni」ジェットストリーム スタンダード

⑭ 「GORMLHO」プラズマライター

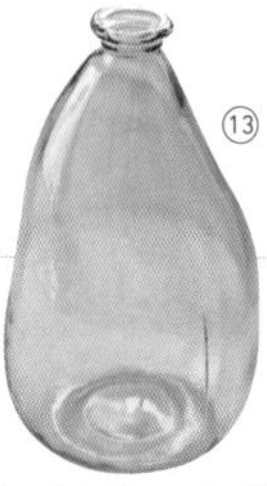
⑬ 「スパイス」スペイン製
フラワーベース

⑲ 「Cooee Design」
フラワーベース

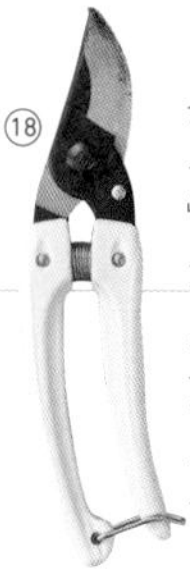
⑱ 「アルス」ミニチョキ デラックス

㉓ 「Apple」iPad Pro 3、
Smart Keyboard Folio

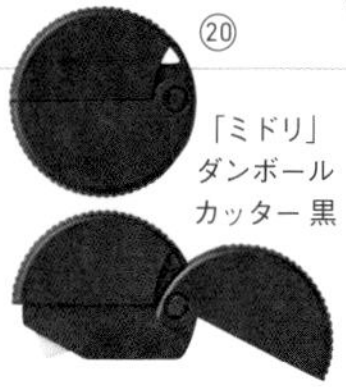
⑳ 「ミドリ」
ダンボール
カッター 黒

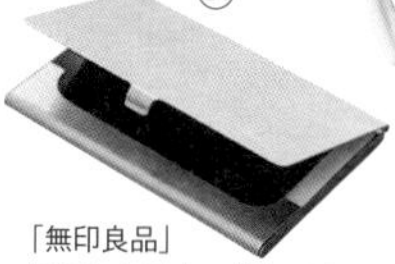
㉑ 「無印良品」
ステンレスカードケース

㉗ 「Apple」
iPhone14Pro

㉖ 「Apple」
iPhone12mini

㉔ 「Apple」
Apple Watch
Series4

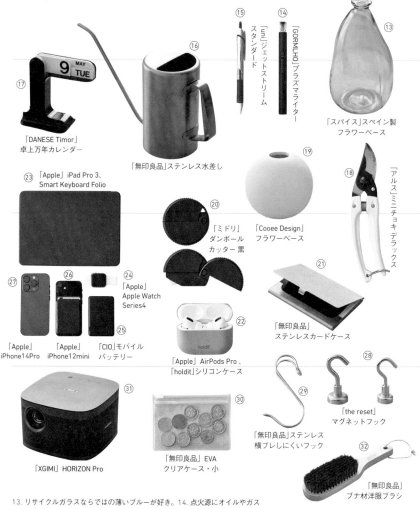

㉕ 「CIO」モバイル
バッテリー

㉒ 「Apple」 AirPods Pro 、
「holdit」シリコンケース

㉛ 「XGIMI」 HORIZON Pro

㉚ 「無印良品」 EVA
クリアケース・小

㉙ 「無印良品」ステンレス
横ブレしにくいフック

㉘ 「the reset」
マグネットフック

㉜ 「無印良品」
ブナ材洋服ブラシ

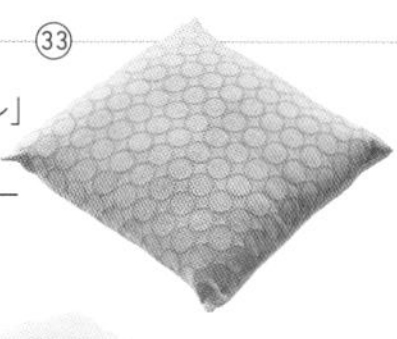
㉝ 「ミナペルホネン」
ファブリックの
クッションカバー

㉞ 上 / シルク生地の枕
下 / 「Snow Peak」
SS シングル シュラフ

13. リサイクルガラスならではの薄いブルーが好き。14. 点火源にオイルやガスを使わない充電式。15. ボールペンはこれ１本。なめらかな書き味が◎。16. 無駄のないクールな雰囲気が美しい。17. 20年以上使っている愛用品。18. 持ち手が白なのが気に入って。19. まん丸の形がかわいい。20. 段ボールの中身を傷つけずに封を開けられます。21. 病院の診察券入れに。22. イヤホンはワイヤレスが便利。薄型のシリコンケースに入れて持ち歩きを。23. iPadはキーボードをとりつけて使用。24. 睡眠時も着用。通常、バンドはシリコン製に。25. マグネット式のモバイルバッテリー。26. 持ち歩き用のスマホ。27. バッテリーの持ちがよく、主にインスタライブ用。28. ネオジム磁石を使用した超強力な吸着力！29. 錆びにくく、水回りで大活躍。30. 小銭入れはこれ。視認性のよさが◎。31. 明るいプロジェクターが欲しくて選びました。リアル4Kで映像が鮮明。32. ニットやコートのお手入れに。33. 寝袋の収納用に生地とサイズをオーダーしてつくったもの。34. ふとんのかわりに寝袋を愛用中。丸洗いできるから衛生的。枕カバーは髪に優しいシルク素材のものを。

VOL VI
ARK JOURNAL
Aesop.

第2章

自分が喜ぶ部屋づくり

ワンルームって最高！
ものを減らして新たに手に入れた価値観

ワンルーム＝狭い。まれに広いワンルームもありますが、一般的な認識からするとそうですよね。でも、狭いから理想の暮らしができないとは思いません。たしかにあれも置きたい、これも置きたいとなると、広さが欲しいところですが、でも考えてみると、ワンルームのおかげで賃料は安いし、そうじもラク。なにをするにしても、わずか数メートルの範囲で生活できる家は、面倒くさがり屋の私にはぴったり。実はワンルームこそ理想の部屋だということに気づきました。

わが家は25平米。決して広くはありません。でもものが少なくなったおかげで、広く感じるようになったし、この空間が大好き。世間のものさしと、自分の幸福度が一致するとは限りません。

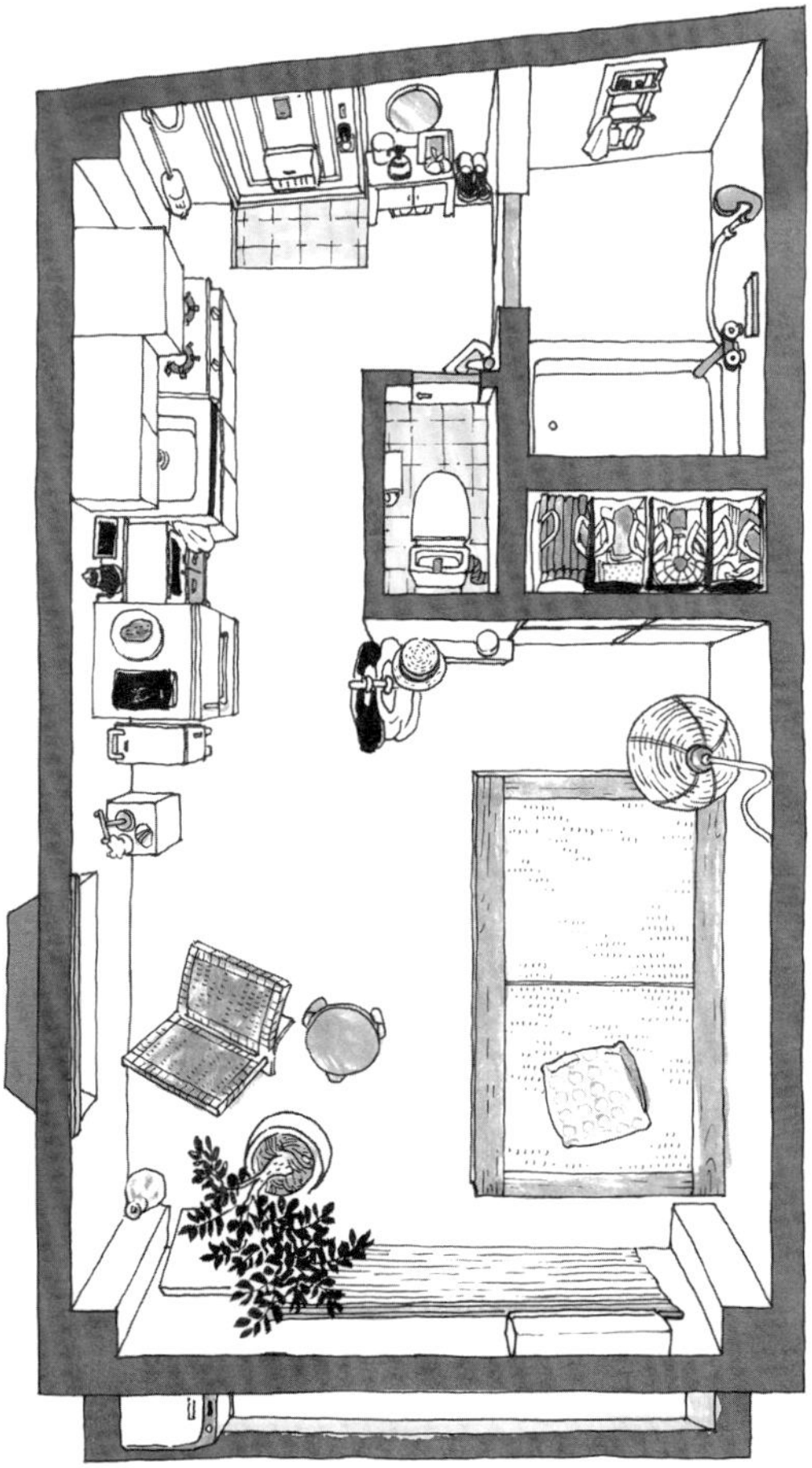

apartment301号室

西向きの角部屋。ワンルームですがバス・トイレ別で、クローゼット風の扉がついた押入れがついています。洗濯機はベランダにあり、フロアワイプは収納しておくところがないので、トイレとバスの間に立てかけています。冷蔵庫の上は、基本何も置いていませんが、食器洗いのときやiPadを使って作業をするときはデスクとしての役割も。

盛る部屋から、盛らない部屋へ。少ないものを引き立てる、空間づくり

私が幸せに暮らすのには、ワンルームのサイズ感が最適ということを前頁でお伝えしましたが、間取りとしてもドアで仕切られている1Kより、開放感のあるワンルームが好きです。たとえ玄関から丸見えだとしても、こちらのほうがインテリアをつくりやすく、それに捨て活のおかげで、ピンポンの音であわてることもなくなりました。

でも、昔は違いました。おしゃれな雑貨や家具を加えるほどに素敵になるに違いない、と足し算で部屋づくりをしていたので、好きなものに囲まれている多幸感は味わえるものの、すぐに散らかってしまう……というのが難点でした。

今は〝どれだけ引き算できるか〟を念頭に部屋をつくっています。持

ち物は少なくても、無駄なノイズを減らせばおしゃれに見える！　ここでいうノイズとは、色や素材のこと。ショップやギャラリーなど空間全体のトーンが統一されていると、商品や作品が引き立って見えますよね。それを住宅でもやってみたいと思ったのです。

だがしかし、わが家は賃貸。持ち家ならば自由に壁を塗ったり、無垢板を張ったりしたいところですが、それは叶わないので現状復帰できる市販のフロアタイルやクッションフロアに頼ることにしました（p.38参照）。

選んだカラーは、部屋の白壁や手持ちの白い家電と相性のいいグレー。実際に敷いてみると、以前のフローリングのときより部屋全体が明るくなり、垢抜けて見えました。またこの床を生かすために、できるだけ床にものを置かないようにしています。平らな部分がたくさんあればあるほど、面積以上にすっきりと見えるんですよね。

現在のわが家の主役は、床といってもいいかもしれません。

同じ部屋でも床の色が変わるだけでこんなに印象が違います。ノコギリは持っていないので、軽作業用のカッターでカットできるモルタル風のフロアタイルを探して、敷き詰めました。

301流 インテリア

すっきり暮らすための工夫

人は圧迫感をストレスと感じるそうです。狭いワンルーム空間において、背の高い家具は圧迫感のもと。広さがない分、つい上に上にとものを収納したくなりますが、できるだけ低い家具でまとめて、視界を開放的に。また、生活用品は扉つきの家具の中に収納しておいたほうが防災の面でも安心です。

背の高い家具は できるだけ置かない

色数を抑える

わが家はごく一般的な賃貸物件。床は茶色のフローリングで、出窓には赤茶色の突き板が使われていましたが、ものが減ると、これらの色の違いが気になるように。そこで、床にはフロアタイル、出窓や玄関の上がりかまちには、"ゆかペタ"を敷いて、空間全体をグレートーンに統一しました。色数が減っただけで、想像以上に落ち着く空間になり、色による気持ちの作用を実感しています。

フロアタイルは接着剤不要の"置くだけ抗菌フロアタイル"。「東リ」の"ゆかペタ"は、貼ったり剥がしたりできる吸着式。玄関のたたきは、タイル柄のクッションフロアを敷いています。

ドレープをなくして凹凸を減らす

窓には遮光カーテン。長らくそう思い込んでいたのですが、日中、目隠しのためにカーテンを閉めると、光が入らないのがストレスで。とはいえレースのカーテンでは甘すぎるし、ブラインドだとクールすぎる。そんな悩みを解決してくれたのが、この〝ハニカムシェード〟。明るくなったのはもちろん、ドレープがないので見た目もスマート。窓辺に凹凸がなくなり、部屋がすっきりしました。

シェードは窓のカーテンレールの長さに合わせてぴったりサイズでオーダーしました。六角形の空気層のおかげで冷暖房効率もアップ。

細部にこだわる

以前から目に入るたびに気になっていた、調理台の扉の使い古した取っ手や、覗き穴のカバーとして玄関に引っ掛けていたスリッパ。これらを極力、シンプルで小さなものに変えてみたら、想像以上に見た目が変わってびっくり。細部のデザインは、空間全体に影響するものなのですね。ＤＩＹとまではいかずとも、ちょっと手を加えるだけで空間の印象は大きく変わります。

①なかなか好みのものに出会えなかった玄関の覗き穴のカバーは、試しにはめてみたシャチハタの蓋がジャストフィット！ ②調理台の扉の取っ手は、「つむぎ商會」の鉄製の寸胴ツマミに。

隙間を埋めない

人は無意識に隙間を埋めたがる習性があるそう。私も例にもれず、玄関とガス台の間にある25㎝ほどの隙間に、棚を置いたり、ゴミ箱を置いたり……。狭い空間をなんとか有効活用しようと躍起になっていましたが、全部撤去してみたら、すごくすっきり！ このすがすがしさが気に入って、現在この隙間には、基本的にはものを置かず、ときどき季節の花を飾る程度にとどめています。なにもないのも美しい！

Before
汚くはないのですが、隙間がないので窮屈感が。このときはガステーブルやシンク下の棚を外してオープン収納にしていたので視覚的にも落ち着かない感じでした。

調理台側面と下部の茶色い板の部分は、黒のマスキングテープで覆い、モノトーンでまとめました。

見せたくないものを、見心地のいいものにする

1

生活が便利になればなるほど増えるもの。それは電気コード。すべてのコンセントになんらかのプラグが差し込まれ、コードがごちゃっと絡みあっている風景は見ていて気持ちのいいものではありません。そこで、コンセント部分をまるごと覆い隠してしまうことにしました。使ったのは、ケーブルボックスのほか、ポスターや液晶画面など、空間の絵になるもの。これなら日常の風景としてとけこんでくれます。

③④スマートリモコンや冷蔵庫の電源をつないでいるコンセントは、「無印良品」の壁に付けられる家具棚を設置し、その上にGoogle Nest Hub Maxを置いて隠しています。家具棚はリメイクシートを貼って、周囲になじむようにリメイクを。

①②居室のメインコンセントは、「a la mode」のケーブルボックスにL字金具、壁に石膏ボード用のフックをつけてカバー。

⑤⑥照明とスマートプラグをつないでいるコンセントは、ポスターを立てかけて目隠しを。ポスターはドイツ出身の写真家、ヴォルフガング・ティルマンス作。

プロジェクターの電源コードは、いちいちとり外すのが面倒だったので、ウッドコードジュエリーをとりつけて、インテリアのアクセントに。「CARL HANSEN & SON」のキューバチェアと色のトーンをそろえることで、統一感のあるくつろぎコーナーになりました。

テレビから
プロジェクターに

①②この日見ていたのはYouTubeの「NO RULES FOR」というチャンネル。「BYOKA」デザイナーの松田陽子さん宅のインテリアが大好きで、何度も見ています。③プロジェクターは「MOKUCONCRETE」のディスプレイテーブルの中に収納。本来は箱型の商品ですが、注文する際に、一面がオープン状態になるようリクエスト。棚板を木工用ボンドと板でDIYし、ディスプレイ兼収納棚として活用しています。プロジェクターを使用しないときは、開口面を壁に向けるだけの、簡単片づけに。

3

ワンルームの悩み、それは壁面が少ないこと。わが家はベッドを片面に置いているので、使える壁面は残りわずか。そこにテレビを置いてしまったら自由に使えるスペースがなくなってしまいます。とはいえドラマ好きなので、たまにはテレビも見たい。そんなジレンマを解決してくれたのが、ホームプロジェクターでした。「XGIMI」のHORIZON Proは、ホームプロジェクターとしては最高レベルの4K映像。明るくクリアに投影してくれるので、日中でも見ることができます。場所は節約できるし、TVerを使ってドラマや大好きなYouTubeチャンネルを大画面で見られたりと、いいことずくめ。おかげで家時間がぐっと潤いました。

使い勝手のいい収納で散らからない部屋をキープ

片づけが面倒。そう思ってしまう理由のひとつに、ものが多すぎるということはないでしょうか。

すでにぎゅうぎゅうにものが詰まっているスペースに、どうにかものをおさめようとするのって、頭も使うし、時間も使う。そりゃ、イヤになりますよね。そんなストレスを感じないように、自分が管理しやすい物量にしておくというのが、収納の基本。

つまり、収納は使わないものを隠したり、押し込めておくところではなく、使うものをとり出しやすくととのえておく場所。

以上をふまえて、私なりの収納のルールをつくりました。

その① あえて余白をつくる
その② どこに何を入れているかを把握できる量しか収納しない
その③ 美しく、整理整頓
その④ 定期的に持ち物を見直して、使っていないものを洗い出す

①はぎゅうぎゅうにならないための工夫、②は迷子をつくらないための対策、③はとり出しやすく、しまいやすい状況づくりの心がけ、④は心地いい物量をキープする管理技。

この4つのルールさえ守っていれば、おのずと散らからない部屋が手に入るはずなのです。すぐに散らかってしまう部屋と散らからない部屋、その違いはものが片づけやすいかどうかだから。家族と一緒に住んでいるなら、③はもっとざっくりしたスペース分けにして、どこにしまうかといった場所決めをじっくり練ったほうがいいでしょう。でも基本は同じ、片づけの面倒さを事前に防御です。

玄関まわり

靴箱に長靴が入らなかったので、靴箱の隣に専用の台を置き、そこを定位置にしています。台はホームセンターで購入した板にリメイクシートを貼った手づくり。

収納に使うスペースを節約してワンルームを広々使う

収納の鉄則は、ひとつひとつのものに対し、場所を用意すること。理想としては、靴箱には玄関まわりのアイテム、キッチンにはキッチン用品とシーン別に割り当てたいところですが、ワンルームではそんな余裕はありません。限られた貴重なスペースをいかに上手に使うかが、すっきりとしたインテリアのカギ。そこでわが家は、複数のシーンを抱き合わせて収納スペースを節約することにしました。玄関と浴室の間にある靴箱には、靴や入浴アイテムと、そうじグッズ。洗面台がわりでもあるキッチンの調理台下のスペースには、キッチン用品のほかに、コスメやヘアケアグッズも収納。シーンの組み合わせは動線と連動しているので、使い勝手も上々です。

靴箱として使っているのは「イケア」のリックスフルト。小さいので圧迫感がなく、玄関が広々。そうじ道具やマスクなどは扉の内側に、入浴アイテムや買い物に行くときに持参するクーラーバッグもこの中に収納しています。

キッチン

調理台上に備えつけの棚があるのですが、上段には手が届きません。下段も背伸びしてぎりぎり届くといったところ。そんな低身長の私に欠かせないのが100円ショップのメッシュバスケット。正面はメッシュがなく、ツルッとしているので、背面が前になるように収納し、メッシュの穴に指をひっかけてとり出しています。中身はゴミ袋、ゴム手袋、スポンジ、輪ゴム、石けん、ティッシュペーパー、ぞうきん、洗濯ネットなどの生活用品。

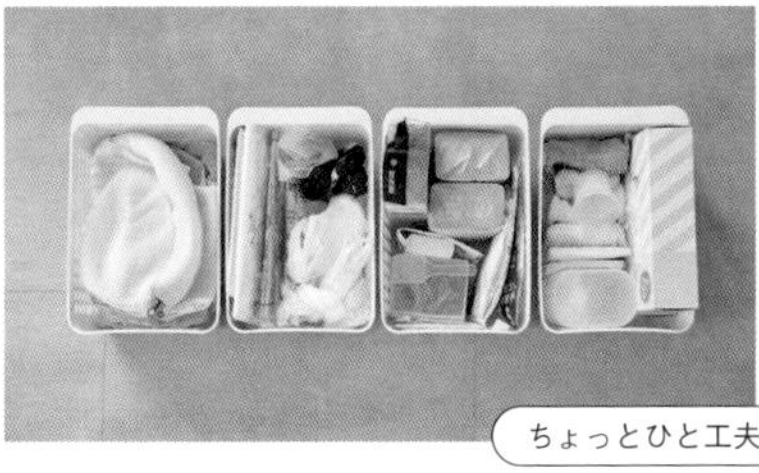

ちょっとひと工夫

居室から見たときに目立たない位置にあるレンジ下を収納に有効活用。レンジやシェルフの質感に合わせて、食材や調味料（p.98参照）、洗剤類（p.121参照）、歯磨きグッズ、料理本、鍋の蓋、トレイなどを「無印良品」のトタンボックスの中に入れています。ボックスについていた蓋はとり外し、通気性を確保。このほうが出し入れもしやすく、便利です。

キッチン

ちょっとひと工夫

ガステーブルの下は、手製のコの字形の台を使って上段をゴミ箱、下段を食器収納として活用。コの字の台は、地震の際、食器が飛び出さないように食器箱がぴったりおさまるサイズでつくりました。ゴミ箱として使っているのは「無印良品」のポリプロピレンファイルボックス。右は生ゴミと資源ゴミ、中は燃えるゴミ、左はプラスチックゴミ入れにしています。①天面の鉄板にマグネットフックをつけて、ゴム手袋を収納。②生ゴミは市販の防臭袋に入れているのですが、一枚一枚の値が張るので、袋がいっぱいになるまで使うようにしています。

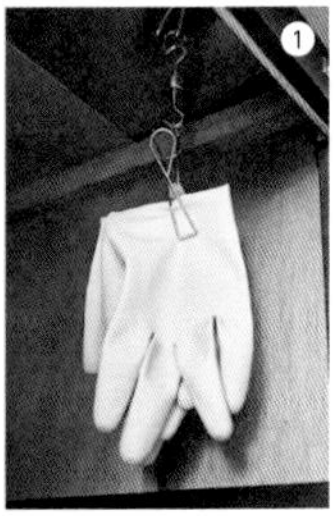

シンク下は調理器具とコスメ・ヘアケアグッズの収納に活用。下部のポリプロピレンケースと木製ボックスはいずれも「無印良品」。ケースには菜箸やレードルなどの長いものを。真ん中の木のボックスには計量カップや保存容器、マグを。左のボックスにはドライヤーやヘアアイロン、「パナソニック」のフェイススチーマーなどの美容グッズとエプロンを収納しています。③使用頻度の低い工具や裁縫道具、梱包用品もシンク下に。これらを入れているのは不用になった配線ボックス。台の奥に入れて上に鍋を載せたら、出し入れもしやすくなりました。

ちょっとひと工夫

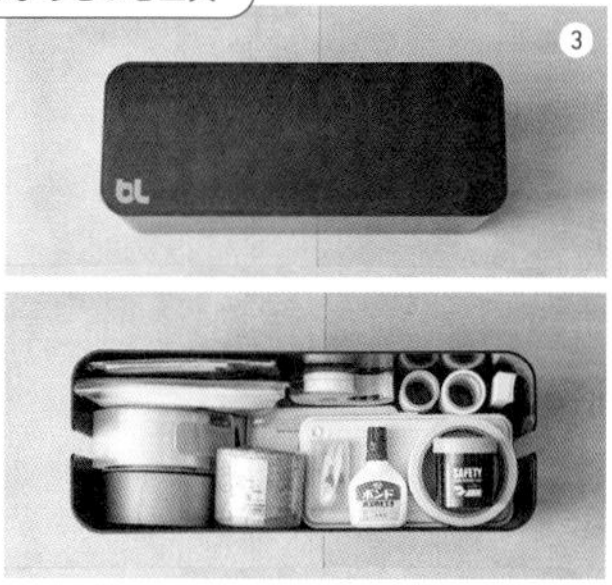

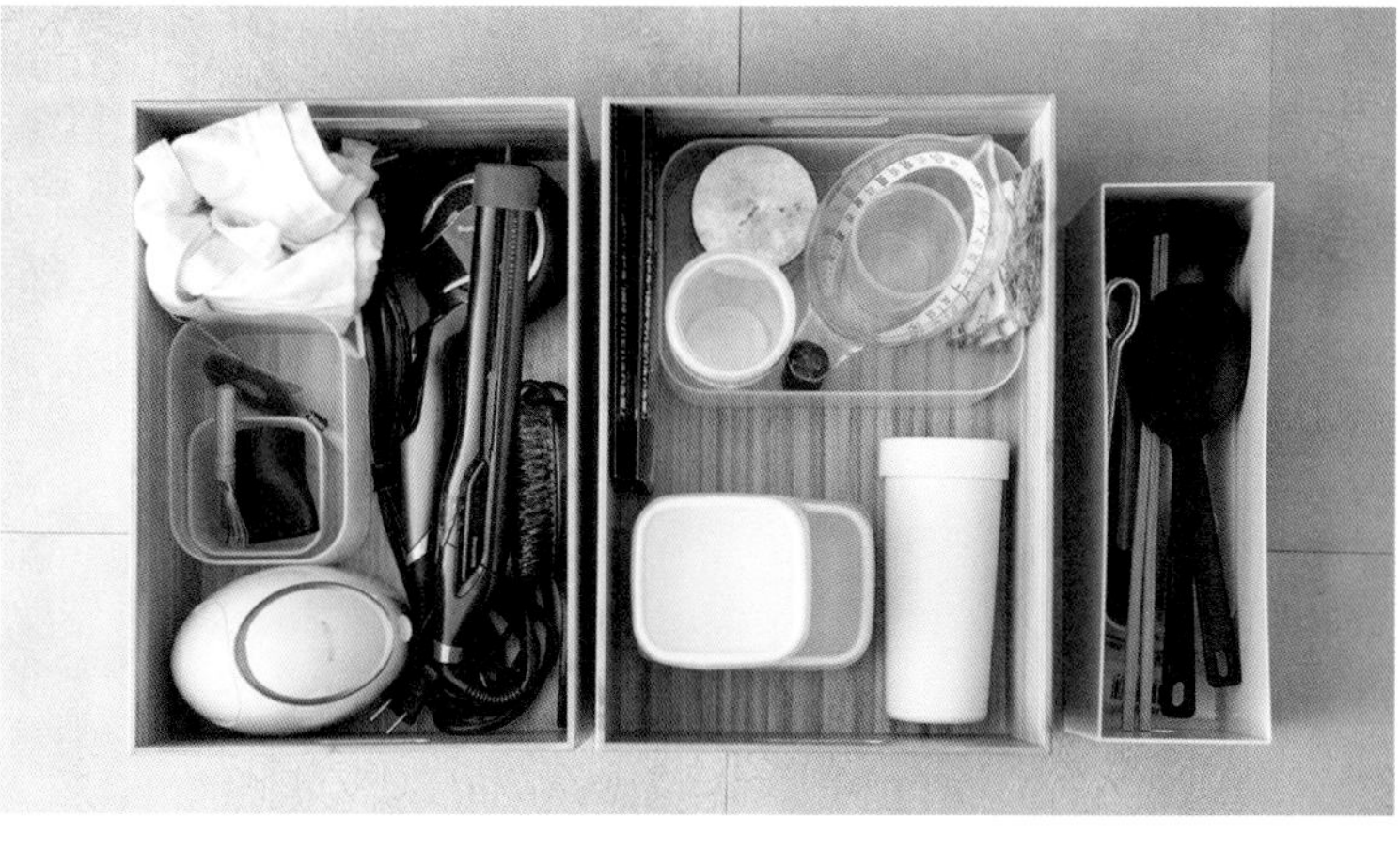

気軽に買える衣装ケースは使わない

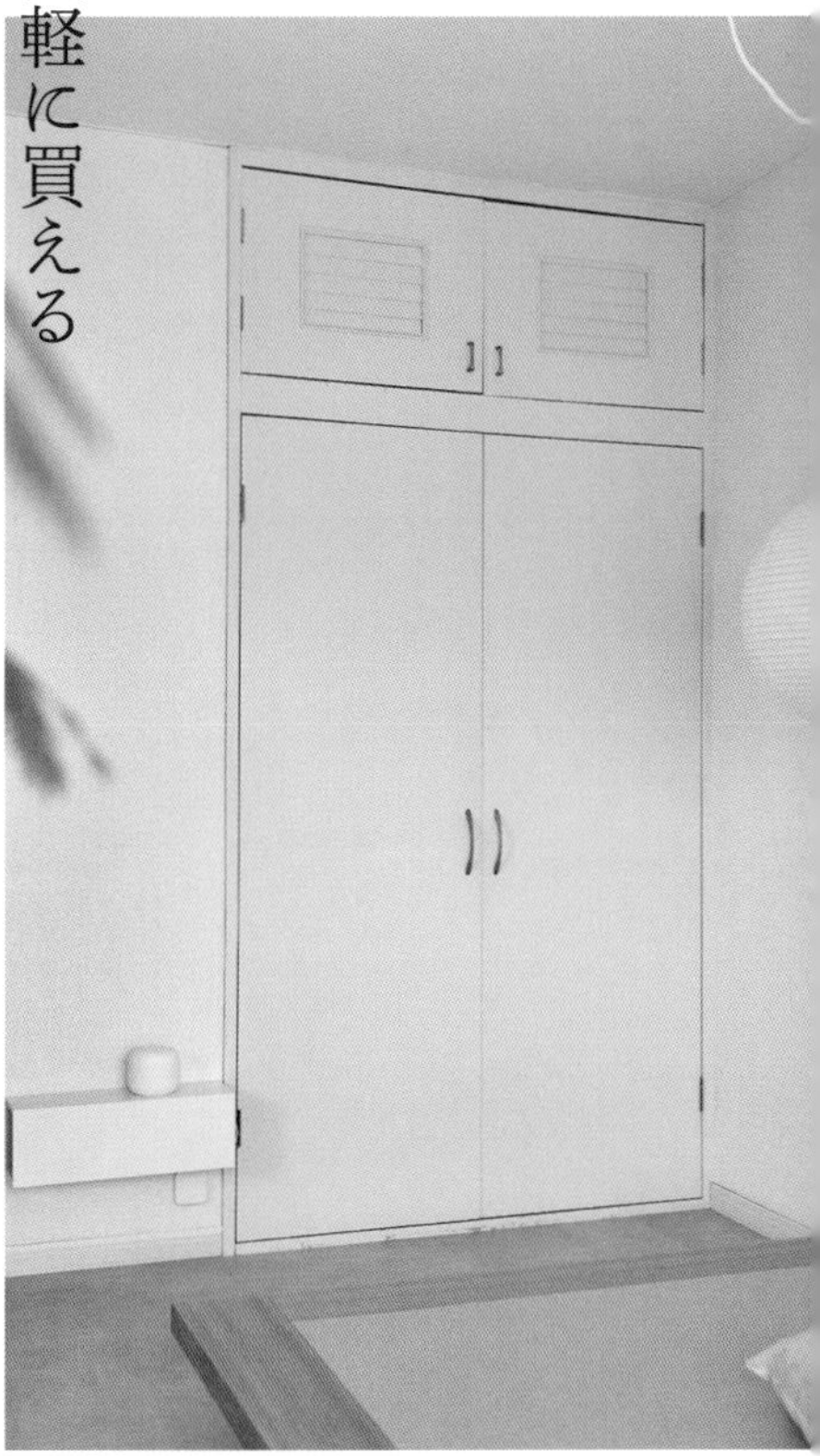

わが家にはクローゼット風にリフォームされた押入れがあります。天袋に保管しているものを整理するのに使っているのは、軽くて丈夫な「イッタラ」のＭＥＮＯホームバッグ。以前は衣装ケースを使っていましたが、これだと手軽に買えてしまうため、物量の抑制にはなりません。そこで、あえて手に入りにくく、高価なＭＥＮＯホームバッグにすることで、持ちすぎを防止。〝ここにおさまるだけ〟をルールにしています。

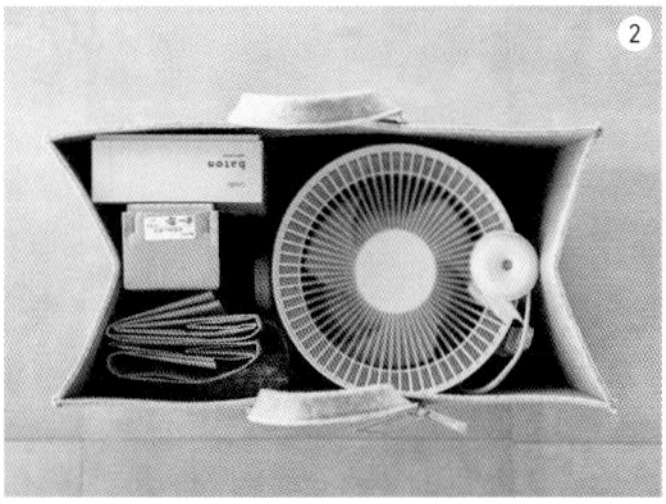

押入れ / 天袋

①季節外れの洋服と服の漂白に使う「野田琺瑯」のたらいを入れています。②メルカリ出品アイテムと使わなくなったもの（手放し検討中のもの）を。メルカリ梱包用の資材もここに。③電池、電球などのストックと、とっておきたい思い出の品がほんの少し入っています。

天袋の左端の紙袋には段ボールと紙類をまとめて入れています。資源ゴミの日までここで保管し、部屋に出しっぱなしにしないように。

押入れ / 下段

生活用品のストックと玄関の靴箱に入りきらないそうじ用品などを「無印良品」のポリプロピレンファイルボックスに。①に入っているのは水のストック、カーペットクリーナーのロールのストック、防水スプレー、防錆び・潤滑剤のKURE5－56。②に入っているのはトイレットペーパーのストック、クイックルワイパーシートのストック、洗剤類と浴室そうじ用のスポンジなど。どちらも日常的に使うものではないので、とり出しやすさより、置いたときのすっきり感を重視。2段重ねにして押入れの右隅に置いています。

ちょっとひと工夫

板の上にグレーのパンチカーペットを敷いて、押入れっぽさを払拭。部屋の床の色みと合わせて、ひと間続きのような空間に。

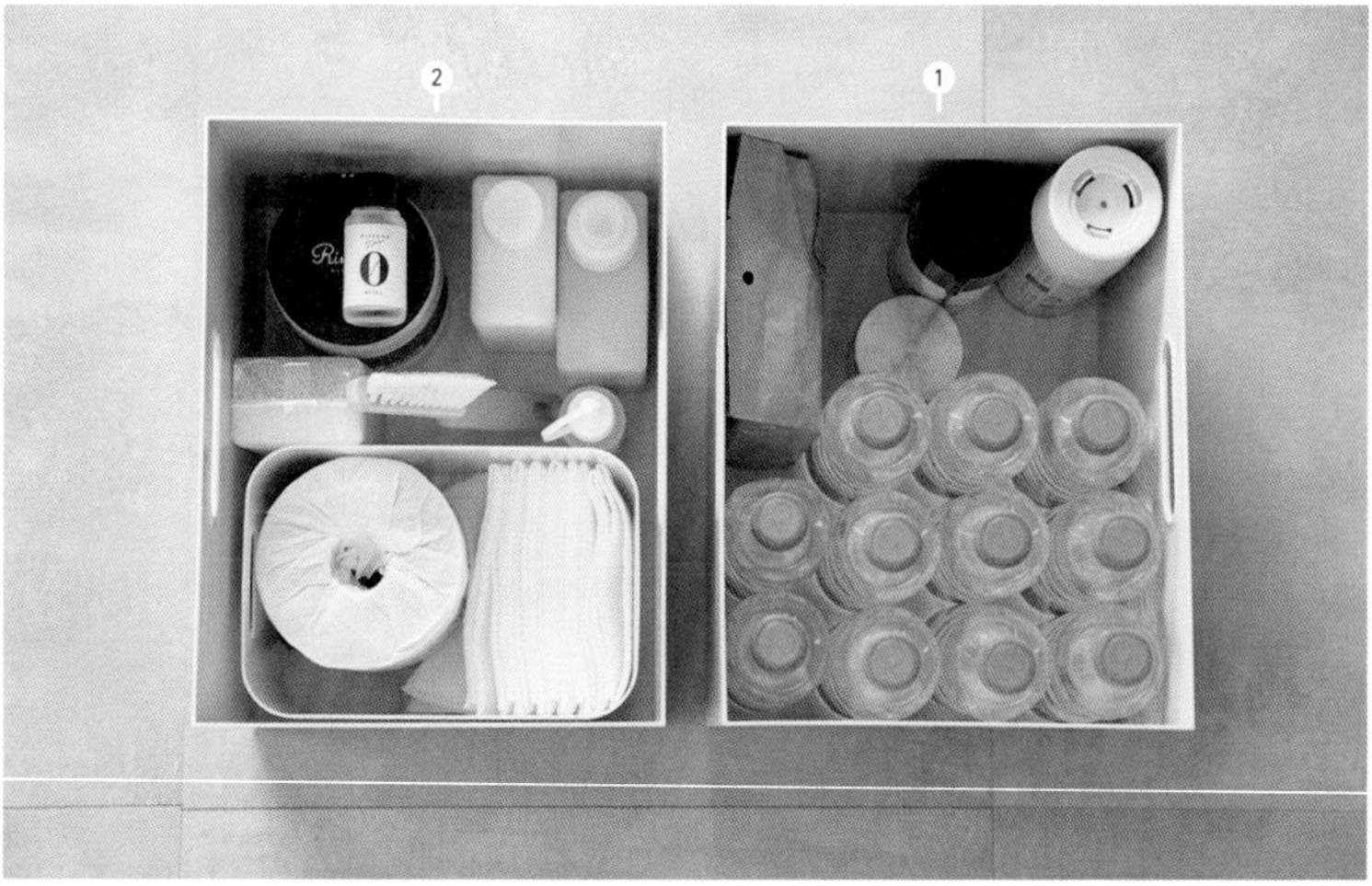

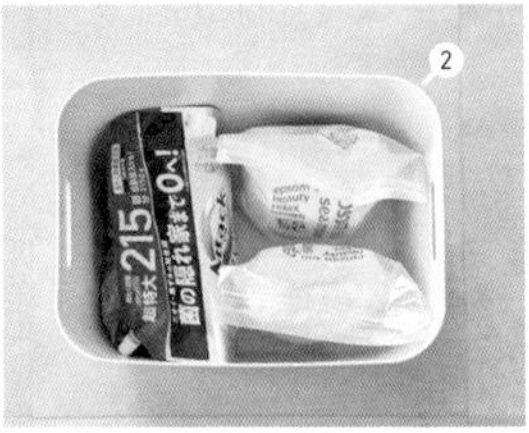

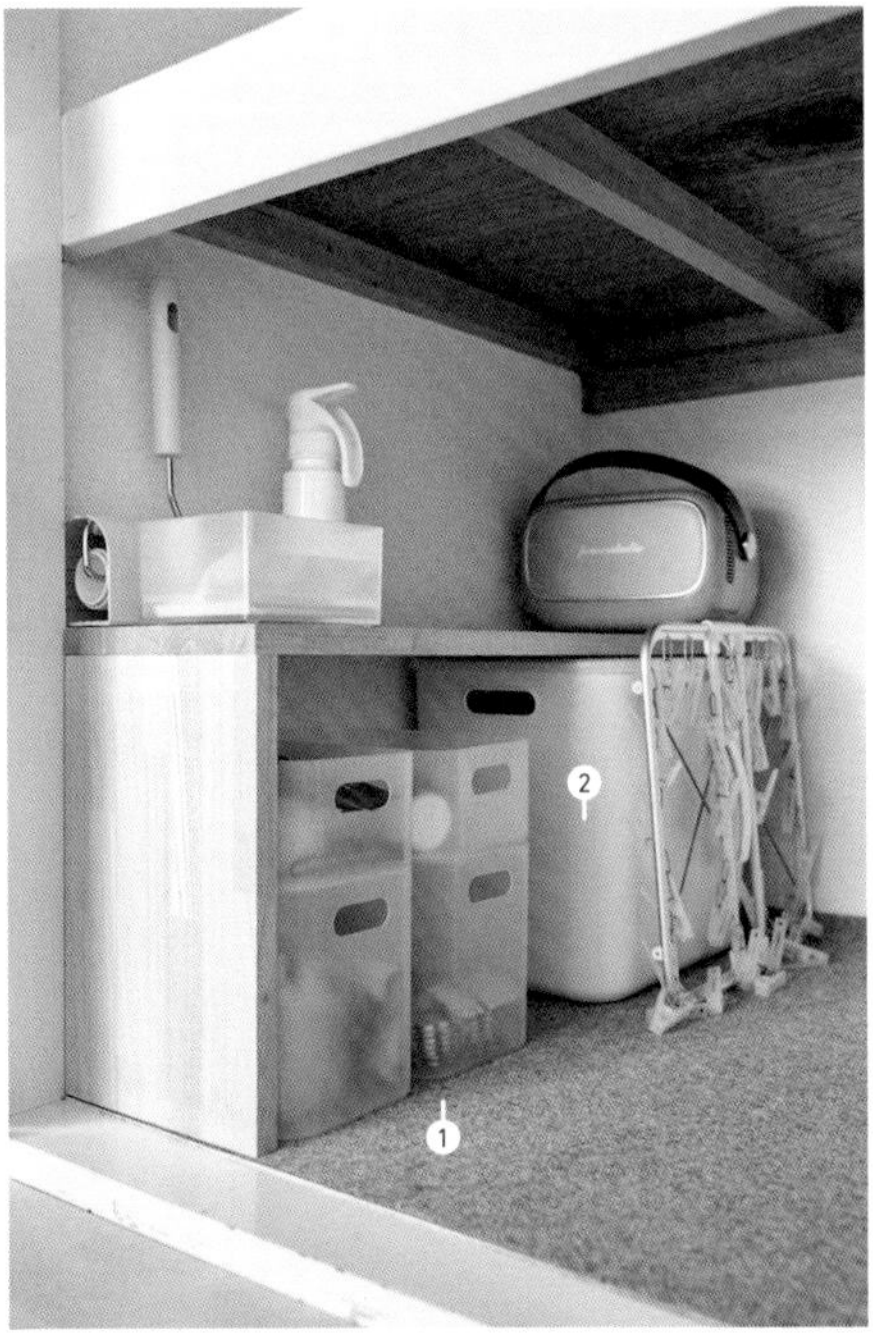

ドアを開けやすく、ものがとり出しやすい押入れ下段・左側の手前の①には、毎日使うスキンケア用品やサプリの置き場に。整理に使っているのはすべて「無印良品」のケース。同じ規格サイズのものでそろえるのが整理整頓の秘訣です。②には入浴剤と洗濯洗剤のストックを。その上にコの字台をつくり、小スペースを無駄なく活用。台の上には、ティッシュやカーペットクリーナーなどの使用頻度の高いものと、万が一の備えとしてポータブル電源も置いています。

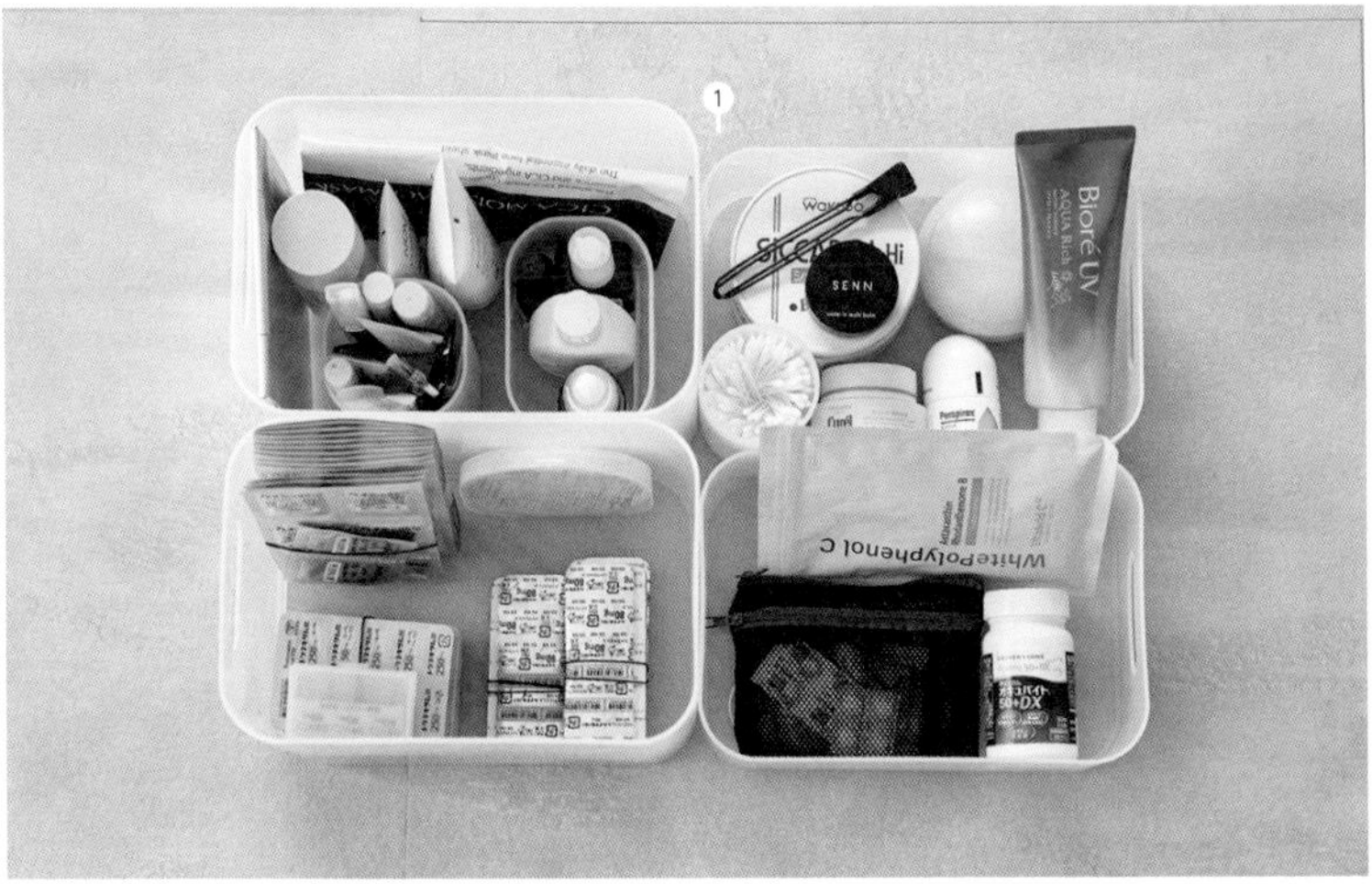

詰め込むのではなく飾るように収納する

服はたくさん持っていても、気に入った服ばかり着てしまうことが多く、それなら！と思いきって好きな服だけにしてみたら、全部で15着になりました。そのうち冬物の3着はクリーニングの預かりサービスを利用しているので、現在、家にあるのは12着ほど。この数なら衣装ケースに詰め込む必要はありません。空いたスペースにはバッグやめがねなどをディスプレイ。脇に書類や小銭などの生活必需品も収納していますが、めざしたのはセレクトショップのようなたたずまい。お店でものを選ぶように、その日着るもの、使うものを選ぶ。ただの押入れが、そんな高揚感を感じられるコーナーになりました。

押入れ / 上段

①ハンガーは色みを統一。下着やインナー、タオルは吊り下げ式の収納袋に入れています(p.28参照)。②めがねとApple Watchのバンドは「無印良品」の木製小物収納に。③現金が必要なときに持ち歩いているショルダーウォレットは押入れの側面に吊るしてディスプレイ。木製のフックは「無印良品」のアイテムです。

買い物はよくよく考えて慎重に。家の中に〝もったいない〟をつくらない

自分が快適に、幸せに暮らせる物量がわかり、それらが各スペースにきれいにおさまっている今、新しくものを買うことに、すごく慎重になりました。

ものを減らすことで、自分の好みが浮き彫りとなり、テイストで失敗することはなくなったのですが、それでもサイズ感や素材感、置き場所など、検討しなければいけないことはたくさん。たとえ価格的に問題なく買えそうなものでも、数カ月検討してから決断しています。

特に家具などの大物は、要検討案件。

以前、狙っていたダイニングテーブルがあったのですが、そのときは散々悩んだ挙げ句、購入は見送りました。というのも、部屋に置い

たときのサイズ感が知りたくて、テーブルの天板サイズにカットした紙を床に置いてみたら、思ったより大きく感じたんですよね。

もともとお買い物大好きで、物欲の強い私が、このような冷静な判断ができるようになったのは、今までの失敗が胸に刻まれているからだと思います。

よく、〝もったいないから捨てられない〟という言葉を耳にしますが、本来のもったいないとは、〝使わないものを買うこと〟。

使わないものを塩漬けのように置いておいても、それにかけた元金は返ってきません。だったらその塩漬けに使われているスペースを空けるために、処分してしまったほうがいい。ただし、そのときに必ず、〝なぜ、これを買ってしまったんだろう〟という原因を考えること。きちんと〝勉強代〟として胸に刻むことが、もったいない買い物を、防ぐことになり、結果、ひとつひとつのものを大切にできるようになります。

ネットには物欲を刺激する情報がいっぱい。欲しいと思ったら、とりあえずリストアップしておき、金額や置き場を何度も検討しています。自分の好みもクリアになって、いいですよ。

冷蔵庫の上を一時置きに

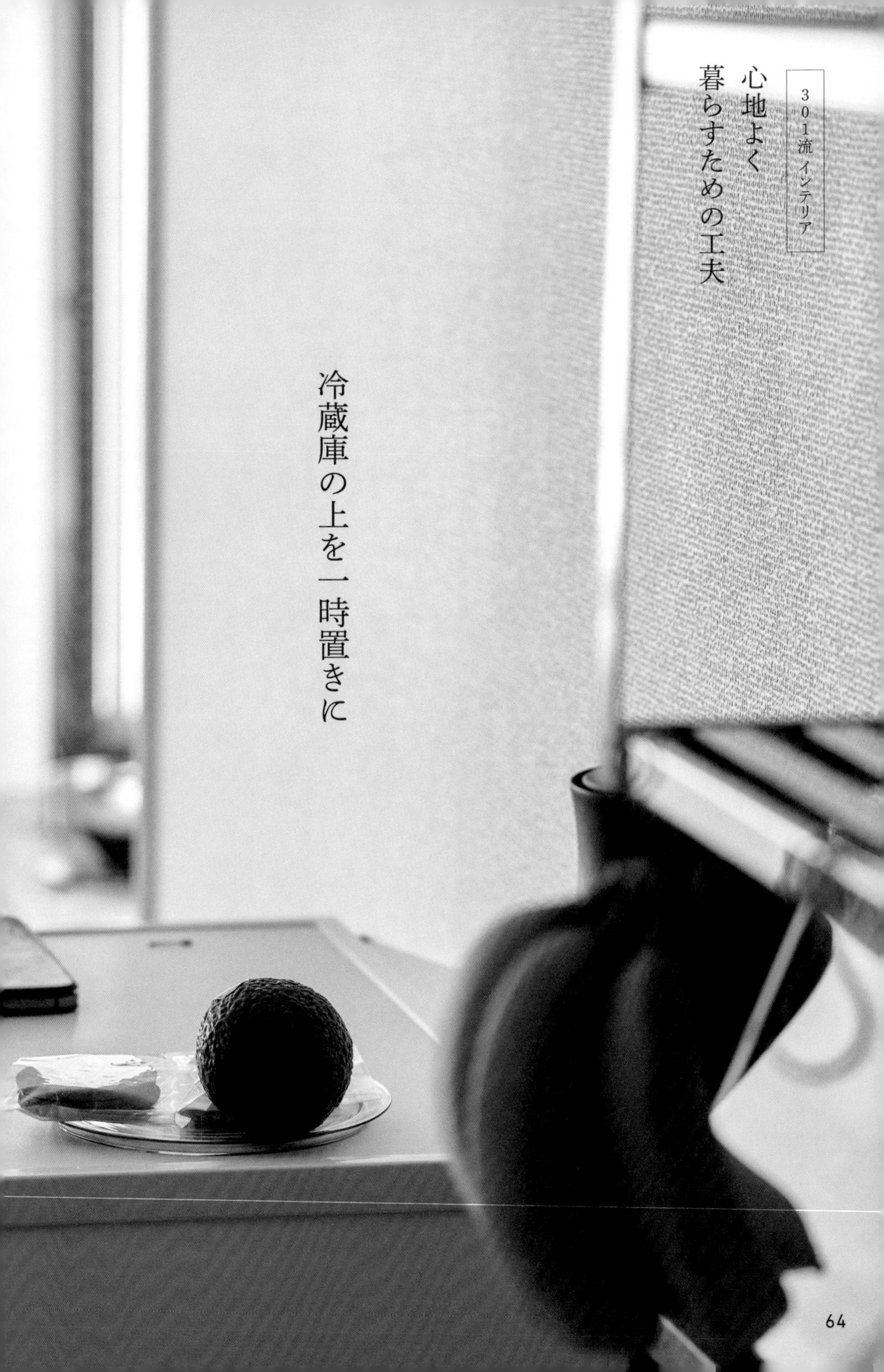

ちょっとの間だけ、ものを置いておきたいというとき、ありますよね。たとえば、お裾分けのおやつや熟し待ちのアボカド、iPadやスマホなど。そんなとき、テーブルのないわが家では冷蔵庫の上を使います。シンクの近くにあるので、食器を拭くときにも、ここがあるととても便利。専用というほどかしこまらない、ゆるさのあるスペースが、暮らしにゆとりをもたらしてくれるのではないかと思います。

生活用品は
出しっぱなしでも気にならない
美しいデザインのものにする

使いたいときに、さっと手にしたい鍋つかみ。ミニマルな「セリア」のシリコーンミニミトンなら、水切り棚に吊り下げておいても、インテリアの邪魔になりません。

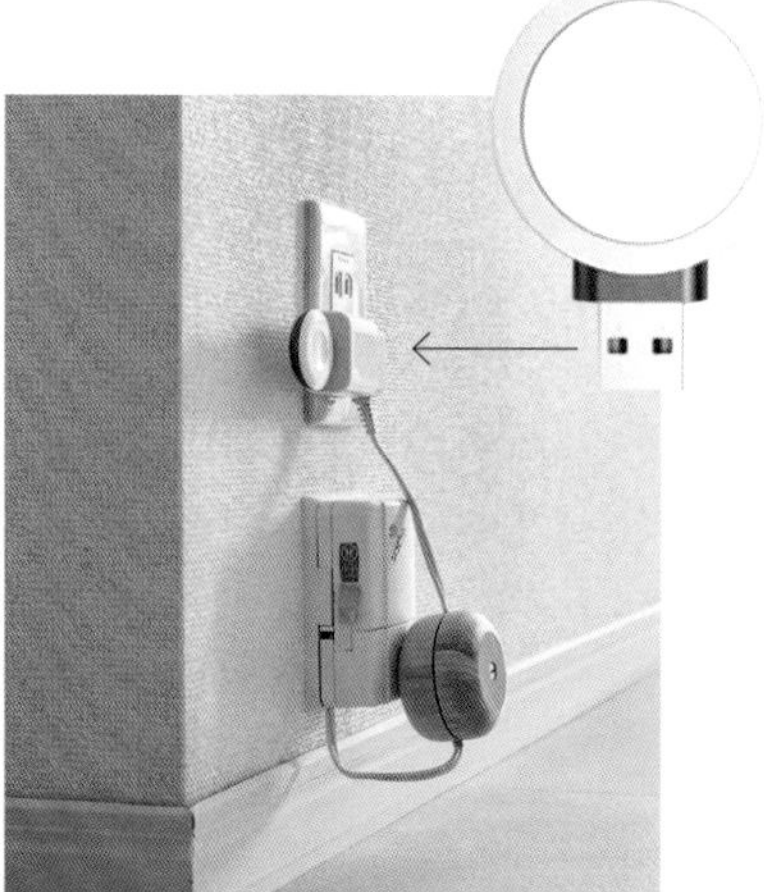

毎日必ず行うApple Watchの充電。そのたびごとに充電器を着脱するのは面倒なので、コンセントに「Anker」のPortable Magnetic Chargerをつけっぱなしにしています。これはコードレスの磁気充電器で、見た目がスマート。空間にすっとなじみます。

トイレと浴室の間に立てかけている「tidy」のフロアワイプは、使い勝手のよさはもちろんのこと、オブジェやインテリアとして楽しめるデザイン。ベースとグリップの部分に天然木が使われていて、あたたかみを感じさせてくれます。

暮らしには、ゆとりをもたらす〝一時置き〟が必要なように(p.64参照)、安心感をもたらす〝生活の匂い〟も、なくてはならないものだと思います。ただ、それが所帯じみた生活臭になってしまうのは避けたいところ。だからこそ生活用品は好みのデザインでそろえておきたい。見た目に美しく、シンプルで機能的。私が落ち着くわが家の匂いは、そんなものたちで成り立っています。

兼用できる家具を選ぶ

畳は、賃貸の味気ない空間をやわらかく見せてくれる効果が。フローリングの部屋でも畳ベッドや置き畳を使えば、ジャパンディなインテリアになります。愛用している畳ベッドは「建築家二人暮らし」さんのプロデュース品。以前は「無印良品」のベッドを改造し、中に畳を入れて使っていました。

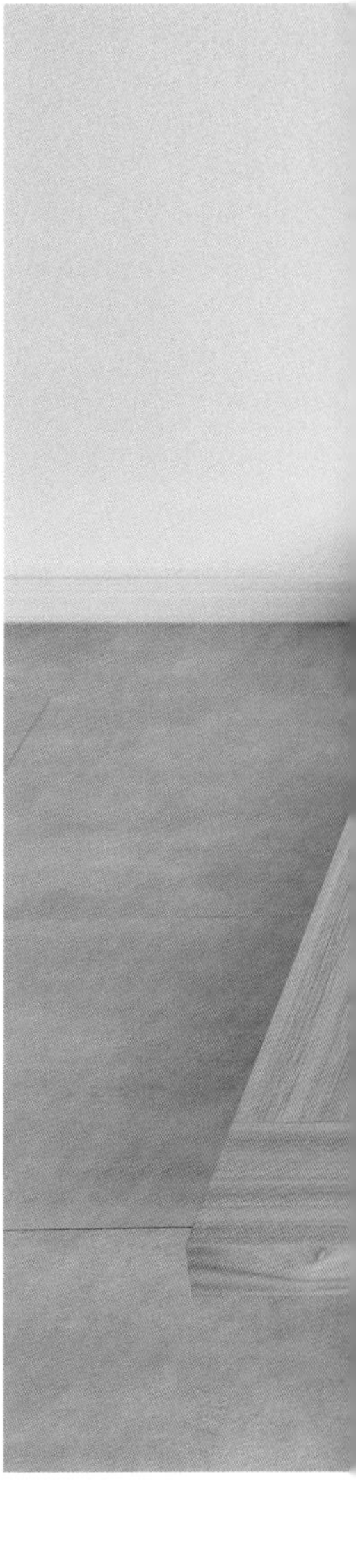

ふとんに触れるのは、お風呂上がり。そんなマイルールもあって、以前はくつろぎ用にソファとサイドテーブルを持っていました。その分、自由に使えるスペースは少なく、家具でがんじがらめの部屋。どうしたものかと思っていたところ、ベッドを畳にし、小上がりのように使う手を思いつきました。これならソファやサイドテーブルはなくても平気。

その後、プロジェクターの映像を楽しむために「CARL HANSEN & SON」のキューバチェアを迎え入れましたが、これ以外はすべて兼用家具。「アルテック」のスツール60も腰掛けとしてはもちろん、サイドテーブルとしても重宝しています。

部屋の明かりは あたたかく

夜間、家で作業をするなら蛍光灯が必要ですが、私の場合、夜はただリラックスする時間。明るさより、気持ちをほぐしてくれるあたたかな光が、自分の暮らしに不可欠です。

常日ごろの行動をふりかえると見えてくる、心地いい暮らしのための必需品。あなたの心をほぐしてくれるものは何ですか。

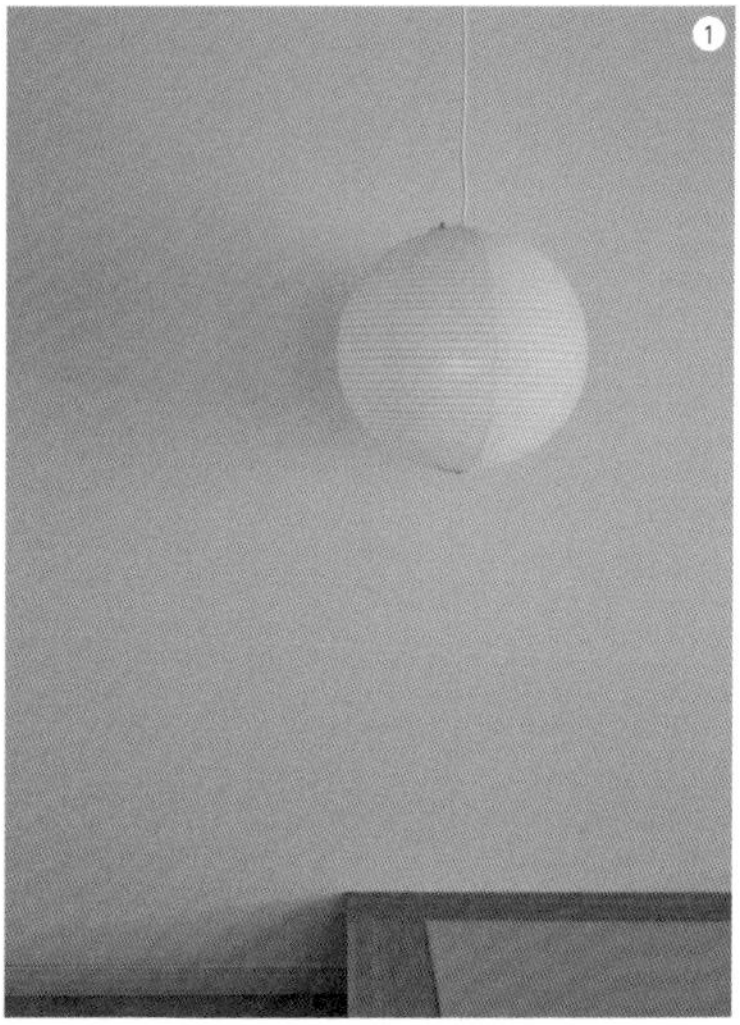

点灯時

①ベッドサイドにとりつけたのはイサム・ノグチのAKARI。満月のような形とやわらかい色がお気に入り。②ベランダ側の壁面にはシャルロット・ペリアンのCP-1を。上下にもれる光が美しい。③キッチンはダクトレールをとりつけて、ほんのりとした光の「アサヒ」の白熱電球を２つ。④玄関脇のライトは「Peter Ivy」のLIGHT CAPSULE。この照明ひとつでドラマチックな空間に。

消灯時

①竹ひごと和紙でつくられたAKARIは、明かりが灯っていなくてもやわらかな雰囲気。消灯時は部屋のオブジェとして、空間をおしゃれに見せてくれます。②CP-1は壁つけタイプ。日中は無駄をそぎ落としたシャープなデザインを楽しめます。③以前は蛍光灯がついていましたが、退去時の修繕費用を支払う覚悟でダクトレールにチェンジ。④LIGHT CAPSULEもダクトレールから引いています。

照明のオン・オフはタイマーにお任せ

古い賃貸物件の場合、壁に照明のスイッチがついていないことがありますよね。わが家にもありませんでした。でも今の時代、市販の部品を使えばスイッチ化どころか、音声操作も可能。これを使わない手はありません。

照明をスマート化するのにはさまざまな方法がありますが、わが家の場合、AKARIにはPhilips Hueを、CP-1にはスマートプラグをGoogle Homeと連携させて、オン・オフをスマホや音声で操作できるようにしています。タイマーセットもできるので、起床や帰宅時間に合わせて点灯させることも可能。「ただいま」と玄関を開けたら、やわらかな明かりで迎えてくれるライトたち。実用的でありながら、癒やし効果も抜群です。

3

1

2

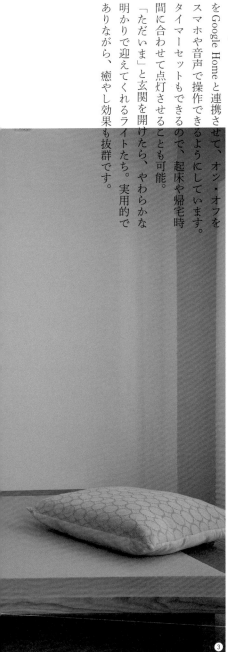

①Philips Hueやスマートプラグをスマホと連携すれば遠隔操作もできます。万が一、消し忘れたなんてことがあっても安心。②Philips Hueのワイヤレスのスイッチは冷蔵庫の側面にとりつけています。③Philips Hueは調光も自在にできるので、点灯時も消灯時も、日の出や夕日のように、徐々に明るさが変わるように設定しています。（タイマーセットの詳細はp.89を参照）

暮らしの相棒は「Google Nest Hub」

今や話しかけるだけで簡単にコンピューターが使える時代。Google, Apple, Amazonなど、各社から音声アシスタント機能を備えたデバイスが登場していますが、私が選んだのはGoogle Nest Hub。照明やエアコンなどのスマートホーム製品の操作・設定が行えるGoogle Homeアプリと簡単に連携できるというのが、これを選んだ理由です。スマートスピーカーとしての機能だけでなく、ディスプレイを搭載しているので、置き時計がわりに使えたり、フォトフレームとしてインテリアのアクセントになってくれるのもいいところ。タイマーセットのお願いや天気予報を尋ねるのも、すべて「オッケーグーグル」。私の暮らしになくてはならない存在です。

鍵の解錠・施錠はスマートロックで自動操作に

照明やエアコンのスマート化に続き、玄関ドアの鍵もスマート化することにしました。私が選んだQrio Lockはスマホで鍵の操作ができる製品。バッグやポケットにスマホが入った状態でドアに近づくと自動的に解錠してくれ、ドアが閉まれば自動的に施錠。締め忘れもなく外出がスムーズです。

鍵の開け閉めくらい自分で、とも思いましたが、買い物帰りの両手がふさがった状態のときにハンズフリーで解錠できる、このうれしさが、自分の機嫌をとることにつながるのではないかと思って。せっかく便利な時代に生まれたのだから、この便利さをありがたく享受しつつ、部屋や暮らしを更新していきたいです。

Aesop.

鍵をスマート化したら、鍵の閉め忘れを気にせず、気楽に出かけられるようになりました。また、スマホに解錠通知が来るので、防犯面でも役立ちます。

出窓の窓台に癒やしグッズをディスプレイ。香りやキャンドル、植物など五感に響くものを置いています。中央の黒い物体は「INASE」の浅間山の溶岩。たまにたくお香の台として使っています。その奥のガラスのランタンは「イッタラ」。キャンドルのストックは「IFUJI」のRIM BOXに入れて、ランタンの隣に。（その他のアイテムはp.82 ～を参照）

居心地のよさをつくるのは物体ではなく、大切に思う、その気持ち

出窓の窓ガラスは目隠しとUVカットを兼ねて、すりガラス調の窓用フィルムを貼っています。これにより紫外線による雑貨や家具へのダメージが軽減。愛用品の万年カレンダー（p.29参照）も、安心して置いておけます。

プロジェクターを収納している台の上には、石のオブジェ（p.82参照）とコードレスランプの「Ambientec」ターンを。金属のかたまりから削り出した端正な形と4段階に調整できるやわらかな光に日々、癒やされています。

すっきりとした部屋のほうが落ち着くタイプですが、生活必需品しかない部屋で暮らすことはできません。生活には直接関係ないものでも、自分の気持ちを癒やしてくれるものも、暮らしには必要だと思っています。ただ、それらが多くなりすぎてしまうと、そうじが大変だし、ひとつひとつのものへの愛着も薄れてしまう。だからこそ、好きなものも少しでいいんです。ほんの少しでいいから、個々に愛情を注ぎながら暮らしていきたい。

“捨て活”後の愛用品

QOLがアップする 癒やしグッズ 雑貨&植物&アロマ

1.充電式でどこにでも使えるのが便利。2.奥2つは革ひも、手前2つは籐を用いた伝統的な結び目が美しい。3.細い幹からのびるシャープな葉がスタイリッシュ。4.夜になると葉を閉じるエバーフレッシュは静かな同居人のよう。5.鋳物のウォールフックですが、わが家ではオブジェとして。6.まるで彫刻作品のようなスタイリッシュなディフューザー。7.存在感のあるコンクリートの置物は観賞用。ドアストッパーにも使えそう。8.雫の気泡が閉じ込められた小さなガラスのオブジェ。光にかざすととてもきれい。

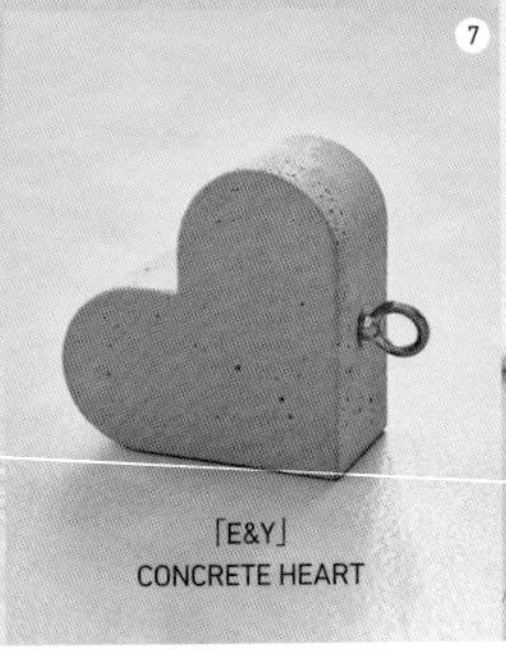

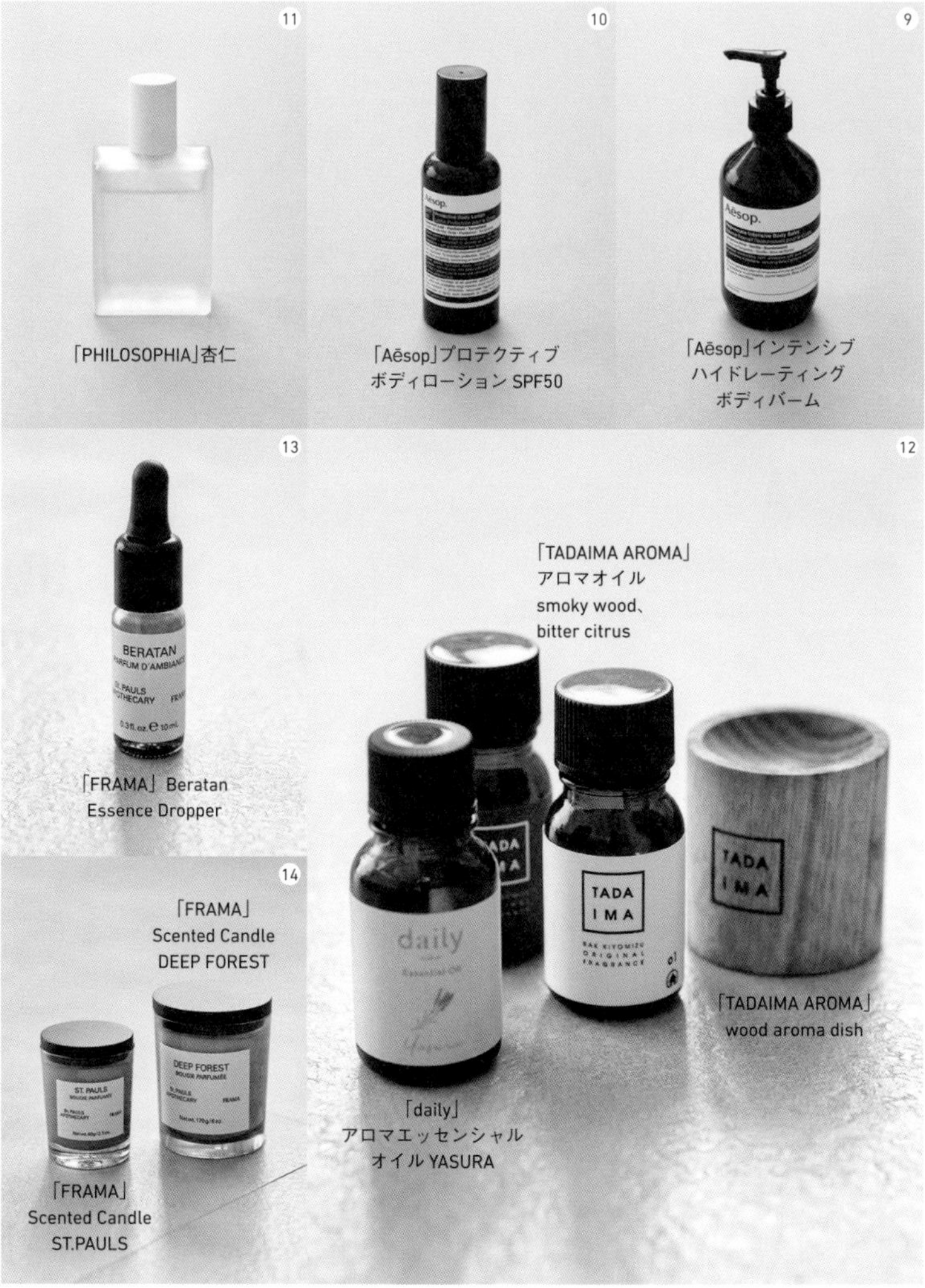

9.バニラの甘さの中に柑橘とウッディな香りが入り混じる、この香りが好きすぎてハンドクリームがわりによく使ってます。10.ミントが香るボディ用の日焼け止め。肌を守りつつ、リフレッシュできるのがとてもいい。保湿成分入りで塗り心地も抜群です。11.杏仁豆腐の香りをイメージしてつくられたオードトワレ。甘めの香りが好きなので、嗅ぐたびにすごく癒やされています。12.押入れの中にアロマオイルを数滴垂らしたウッドディッシュを置いておくと、扉を開けるびにいい匂いが。アロマはウッディ系、柑橘系、ハーバル系の3種類を気分によって使い分け。13.インドネシア・バリ島の寺院をイメージしてつくられた香り。気分転換したいときに6のステンレスのディフューザーにたらして、異国情緒を味わっています。14.「FRAMA」らしい、独創的で洗練された香りも素敵ですが、ガラスの容器と木蓋の組み合わせがビジュアルとして、とても好み。インテリアのアクセントとして窓辺に飾っています。

9
MAY
TUE

第3章

自分をいたわる暮らしの習慣

規則正しい生活で得られる達成感がすごく好き

「趣味はありますか」と聞かれたら、迷いなく「暮らしです」と答えます。心地よく過ごすために家をととのえたり、家事をしたり、時間の使い方を工夫したり。そんな暮らしのすべてが、自分をいたわることにつながる。こんなに楽しい趣味がほかにあるでしょうか。

そんな私の目下の関心事は、家時間の使い方。

ひとり暮らしを始めたころは、初めて自分のペースで暮らせるようになったうれしさもあって、夜更かしをすることもありましたが、今では、寝る時間はもちろん、食事や家事、スキンケアの時間もほぼ同時刻。繰り返しの毎日に安心感を覚えるタイプのため、習慣化して規則正しく暮らすようにしています。

特に朝はできるだけ時間を無駄にしたくないので、効率よく動けるよう、家事や身だしなみ、食事の一連の流れをフォーマット化しました。ただ、何時何分といちいち時計を見て確認するのではなく、スマート化したライトのオンオフや音楽の再生で、間接的に時間を察知するというのが、私のこだわり。

音楽の再生が始まるまでにベッドから起きなきゃとか、AKARIが消えたから、朝食をそろそろ食べ終えないと、とか。ゲーム感覚でひとつひとつの行動をクリアしていく感じがとてもおもしろいんです。

また、暮らしの楽しみというところでいうと、なんといっても休日の家時間。いつもよりゆっくり起きて、好きなものを食べて。天気のいい日の夕方、西向きの窓から入ってくる光を見ながら、ぼーっと過ごす時間は、至福のひととき。結婚はしていない、子どももいない。でも私には私の幸せがある。自分の暮らしをつくることが、人それぞれの可視化できない幸せに気づかせてくれました。

仕事の日の時間割

いつも同じように行動するのが、落ち着くタイプ。
ここ最近のルーティーンを書き起こしてみました。

06:00 Apple Watchのアラームが鳴る

Google Homeの自動配信（天気予報やニュースなど）が始まる～06:20…Ⓐ

06:20 Google Homeの音楽の自動再生が始まる～07:25

ベッドから起き上がる…Ⓑ

洗濯物をとり込み、それぞれの場所にしまう…Ⓒ

歯磨き、洗顔…Ⓓ

白湯をつくる…Ⓔ

床そうじ…Ⓕ

寝袋をたたんで押入れに収納…Ⓖ

スキンケア…Ⓗ

※アルファベットはP.90～117
の写真と連動しています

着替え
07:00　朝食準備…Ⓘ
07:25　朝食…Ⓙ
08:30　Google Homeの自動設定で「8時30分」をアナウンス
食器と調理器具を洗って、それぞれの場所にしまう…Ⓚ
再度、歯磨き
09:00　髪の毛をセットする…Ⓛ
09:15　バッグに荷物を詰めて、出勤…Ⓜ
18:20　帰宅。バッグから荷物を出し、それぞれの場所にしまう…Ⓝ
翌日の朝食の下準備…Ⓞ
20:00　歯磨き、入浴…Ⓟ
21:25　洗濯
21:30　スキンケア（ときどき、スキンケアをしながらインスタライブを配信～23:00）…Ⓠ
23:00　洗濯物干し
23:30　就寝…Ⓡ

時計を見ずとも、
明かりや音で要所要所の
時間がわかるように
しています。

05:25　「AKARI」が点灯。20分かけて
徐々に明るくなり、05:45に完全点灯
06:00　「CP-1」が自動的に点灯
08:15　「AKARI」が自動的に消灯
09:00　「CP-1」が自動的に消灯
17:45　「AKARI」が自動的に点灯。30分かけて
徐々に明るくなり、18:15に完全点灯
18:20　「CP-1」が自動的に点灯
22:55　「AKARI」が徐々に暗くなり、23:55に完全消灯
「おやすみ」のかけ声で「CP-1」が消灯

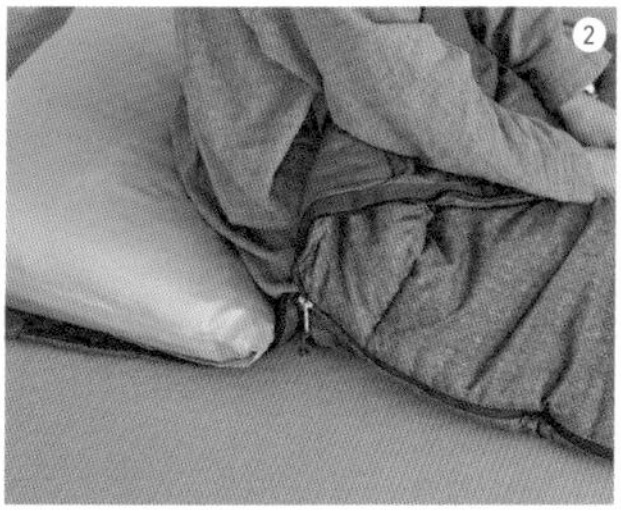

①Google Nest Hubから流れる音楽や天気予報などを聞きながら、しばらくぼーっと。②音楽が鳴り止んだら、そろそろ起き上がらないとマズい時間。今日もがんばるか。③寝袋から出たらいちばんにすることは、ベッド上に干していた洗濯物の片づけ。④寝袋は寒い時期は2枚重ね、暑くなると1枚にしています。丸洗いできて衛生的！

B
C
A
C

①たたむのは顔＆体用のタオルのみ。服やほかのタオルはいつもの位置にかけるだけ。②顔＆体用のタオルは２枚持っていて、使用頻度が偏らないよう、かわりばんこに使っています。③食器拭きと手拭き用タオルをフックにかけ、顔＆体用のタオルは一旦、レンジ台の上に。④キッチンシンクで歯磨きをしたあと、歯ブラシとコップは水分を拭きとり、すぐにしまいます。⑤次に洗顔。洗顔料は使わず水で洗います。顔を拭いたら、タオルは浴室のタオルかけに。

D	C
	C
D	C

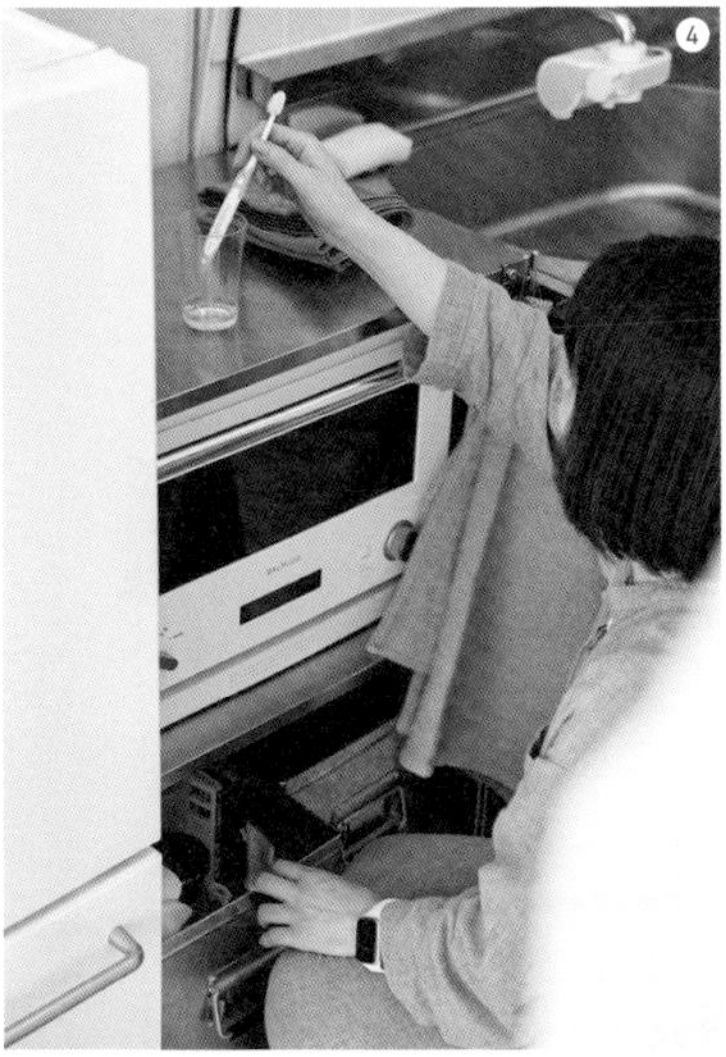

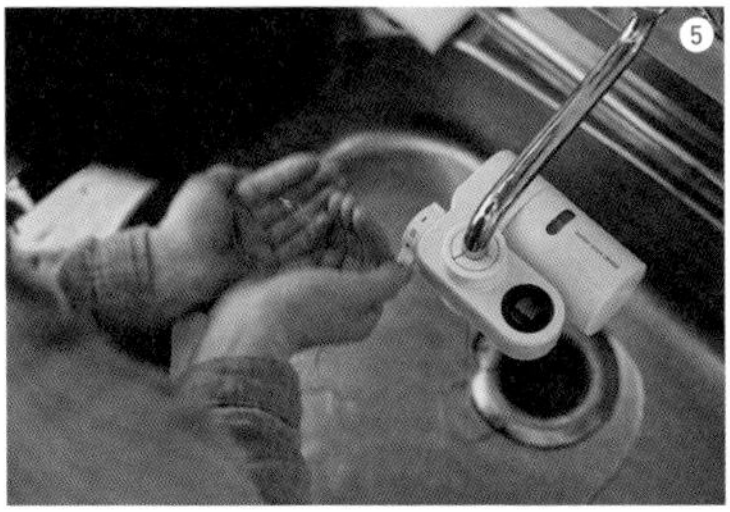

暮らし快適マイルール

生活に面倒はつきもの。イヤイヤするのではなく、楽しむための工夫を凝らす

現在、持っている服は15着。タオルは2枚、食器拭きと手拭きが各1枚、台拭きが1枚。下着もほんの少ししか持っていません。そのため洗濯は毎日。毎晩、スキンケアの前に洗濯機をまわし、室内干しで乾かしています。毎日洗濯するのは、たしかに面倒。でも一軍の服しか持たない気持ちよさや、最低限のタオルのみで暮らすミニマムさが、私は好き。

基本的にはラクして暮らしたいのですが、生活から面倒なことをすべて排除したいとは思いません。工夫することも楽しい。日々の洗濯は、その最たるもの。洗濯をスムーズに行うためのグッズを探したり、干し方を考えたりするのは、おもしろいものです。

①毎度、洗濯のたびに物干しスタンドを出したりしまったりしなくていいように、壁の上部にpid 4Mというワイヤー式の物干しをとりつけました。インテリアの邪魔にならず、便利で気に入っています。②ピンチハンガーはアルミ製の軽量タイプ。ピンチを好みのものにつけかえて、カスタマイズしています。

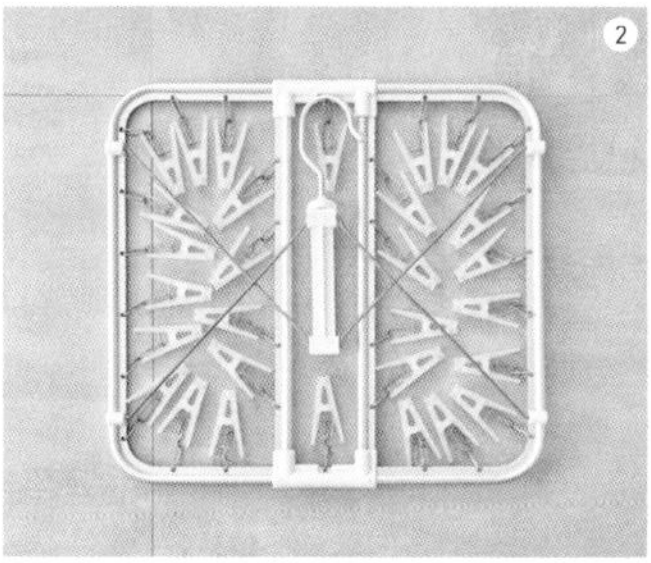

③わが家の洗濯機置き場はベランダ。乾燥機つきの洗濯機は使えず、毎晩、部屋干し。そのため、翌朝までにしっかり乾くよう「cado」の除湿器を使っています。ハンドルとキャニスターがついていて、移動がラク。また、コードまで白で統一されたシンプルさも購入の決め手に。④洗剤はアタックZEROのワンハンドタイプを愛用。パッケージを外すとまっ白になるところが◎。

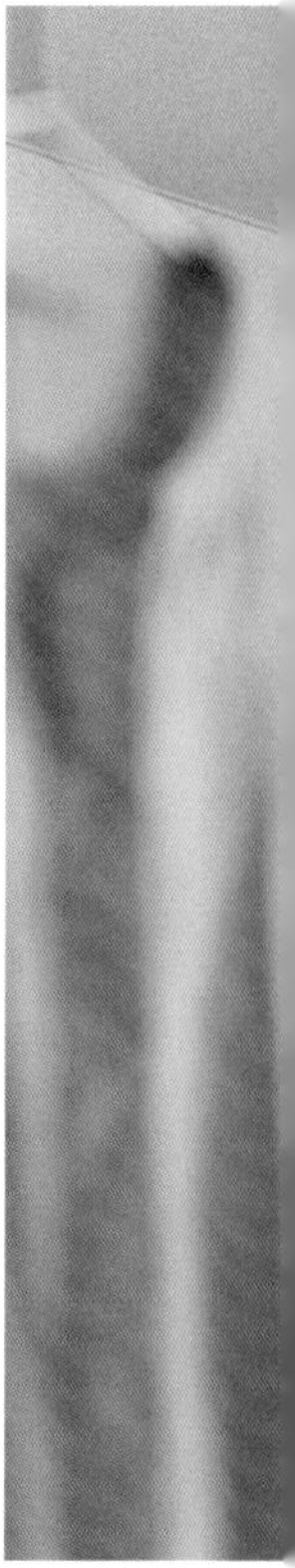

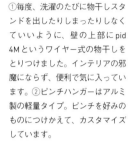

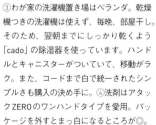

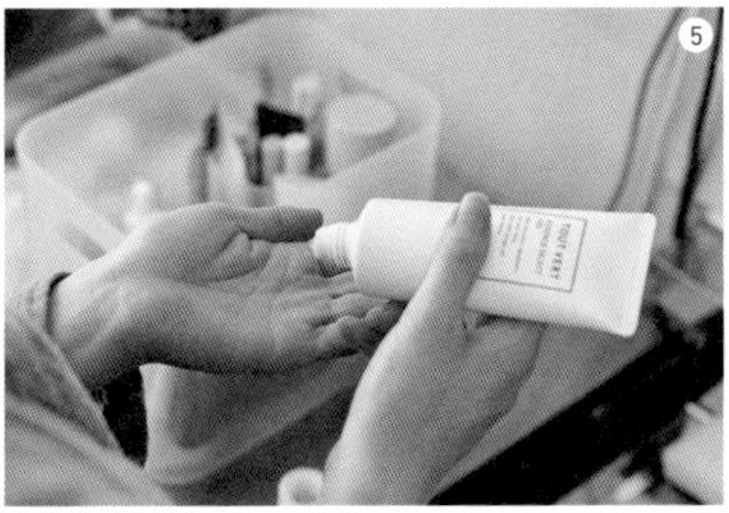

①飲み物は基本、いつも水。朝はレンチンしてお白湯にしています。②ウォーミングアップを兼ねて、そうじは朝のうちに。ワンルームなのでそうじがラク！③そうじしにくいベッド下もフロアワイプ（p.66参照）なら、すいすい。④寝袋はたたんで押入れに。軽く、かさばらないので、簡単に片づけられます。⑤部屋がきれいになったら、次は自分のお手入れ。キッチンでスキンケアを。⑥朝のスキンケアはキッチンが定位置。水切り棚にミラーを引っかけて洗面台がわりに。

G	E
H	F
H	F

家事やスキンケアの合間に白湯をちびちび。この「マリメッコ」のマグはレンチンできて便利。

着替えたら朝食づくりにとりかかります。冷蔵庫の上に材料を並べて、手ぎわよく。

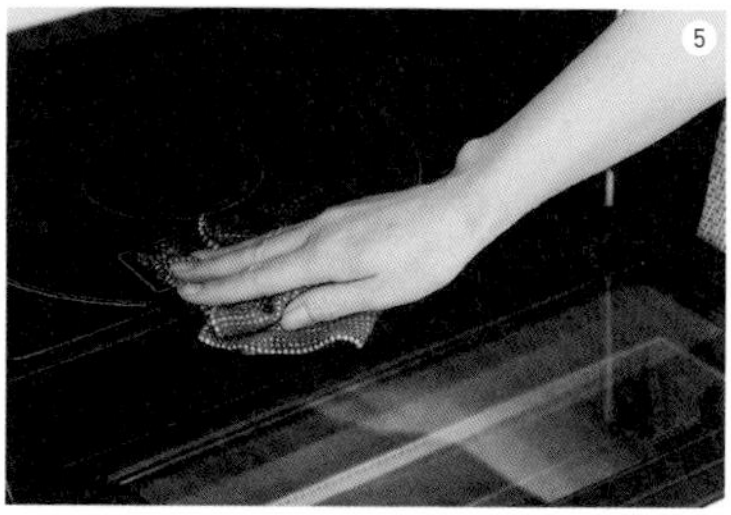

①朝食はボリュームたっぷり。火を通す料理は前日の夜につくって、お皿にセットしておきます。②調理中は「MONOTONE MARKET」のマキシ丈のエプロンで汚れをしっかりガード。③この日のメインは蒸し料理。でき上がったら、鍋（p.27参照）ごとトレイの上に。④デザートのリンゴは皮ごと。あたためると栄養成分が高くなるらしく、レンチンしています。⑤レンジを使ったら、そのつど水分を拭きとっています。いつもきれいが気持ちいい。⑥切ってみないときれいかどうかわからないアボカド選びは運試し。今日は最高。いい気分！

捨てるのはイヤだから使いきれる調味料だけで料理する

ひとり暮らしを始めたころは「料理もがんばろう」と気合いじゅうぶん。いろいろなメニューに挑戦し、そのたびに調味料が増えていきました。ですが、使うのはそのときだけ。使いきれないうちに消費期限を過ぎてしまい、廃棄せざるをえないことが、何度あったでしょう。そんな失敗をくり返すうちに、ある結論に至りました。使いきれる調味料しか持たないと。よく使うのはオリーブオイルと塩麹と塩、酢、オリゴ糖。しょうゆはあまり使わないので、ミニボトルでよさそう。

　そんな考察を経て、たどりついたのが、現在のラインナップ。冷蔵庫や収納スペースに余裕が生まれ、廃棄することもなくなりました。使いきれるって、気持ちいい！

うちにある全調味料

①「KIRKLAND」オーガニックエクストラバージンオリーブオイル／バージンオイルはポリフェノールの含有量が豊富。ほぼ毎日使うので、ひとり暮らしなのに大容量ボトルをリピ買い。小さなボトルに入れ替えて使っています。②「マルカワみそ」有機みそ ヴィバルディ／オーガニックの国産原料でつくられた無添加味噌だから安心。味もすごくおいしい！③「マルカワみそ」塩麹／うちの味といえば塩麹。大量に使うので、塩切り米麹を買って家で発酵させてつくっています。

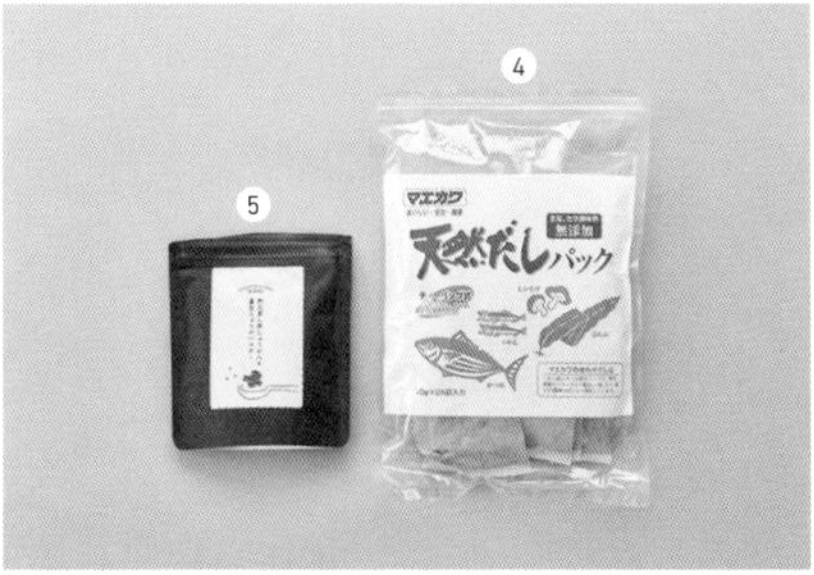

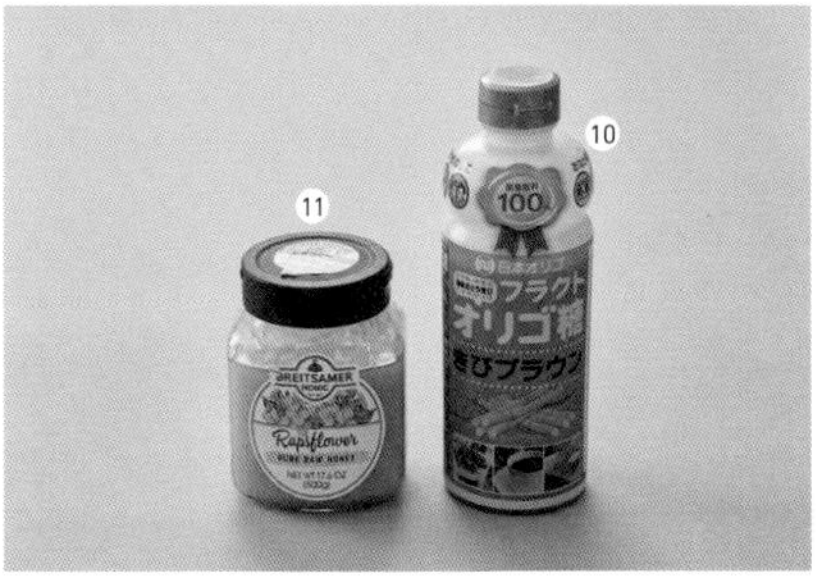

④「マエカワ」天然だしパック／食塩、化学調味料無添加で、原材料は国産のもの。パックで手軽においしいだしがとれます。スープに欠かせません。

⑤熟成蒸し黒しょうが入り黄金しょうがパウダー／冷え対策に。蒸し黒しょうがにはショウガオールというポリフェノールが多く含まれているそう。

⑥「Now Foods」オーガニックココアパウダー／カカオポリフェノールをとるために朝食のりんごブルーベリーのフルーツボウルにかけて食べています。寒い時期はココアをつくることも。

⑦唐津産 乾燥カットわかめ／水に戻すだけで手軽に使えるので、常備しています。唐津産はおいしく、歯ごたえもよし！

⑧ごま（白ごま、黒ごまミックス）／主に朝食のサラダにかけて食べています。栄養の吸収がよくなるように、食べる前にミルですりごま状にしてからいただくのがこだわり。

⑨「マスコット」セイロンシナモンパウダー／セイロンシナモンはカシアシナモンに比べ、肝毒性を持つクマリンの含有率が少なく、スパイシーながらすっきりとした爽やかな味。冷え対策として年中常備。

⑩「日本オリゴ」液体 フラクトオリゴ糖 きびブラウン／オリゴ糖は、腸内環境をととのえるのに有用な食品といわれるプレバイオティクスのひとつ。血糖値も上がりにくく、安心して食べられます。

⑪「ブライトザマー」クリーミーハニー／加熱していない生タイプの蜂蜜なのに、価格が安いところがうれしい。酢玉ねぎをつくるのに欠かせません。

⑫「内堀醸造」臨醐山黒酢／黒酢ならではの、やわらかな酸味が好み。朝食のサラダに入れる酢玉ねぎをつくるときや、手羽元のスープをつくるときに使っています。

⑬「松合食品」天然醸造丸大豆しょうゆ／地元、熊本のおしょうゆ屋さんの商品。熊本の小麦や阿蘇の大豆など、地元産の原料を使い、無添加でつくられています。主にお寿司を食べるときに。

⑭「内堀醸造」美濃特選味付ぽん酢／昆布とかつおぶしベースの一番だしをベースにした上品な味わい。すだちとゆず果汁の酸味が爽やかで。鍋や湯どうふと相性よし。

⑮「セルマランド・ゲランド」ゲランドの塩／100％自然海塩でミネラル成分がバランスよく含まれているそう。ゆでたまごや根菜の蒸し物にかけるとおいしい。

①毎日食べるブルーベリーは業務スーパーでまとめ買い。常時ストックしています。②レンチンしたりんごに冷凍ブルーベリーをのせ、カカオをふりかけた栄養たっぷりデザート。③トマトジュースはレンチンし、仕上げにオリーブオイルとしょうがパウダーを加えます。④サラダのドレッシングがわりにしている酢玉ねぎ。これだけは唯一つくりおきしています。⑤サラダにカルシウムやビタミンDが豊富なちりめんじゃこをトッピング。うまみもアップ！

栄養重視のメニューで体調をフラットに

みなさんは食事になにを求めていますか。おいしさ。それがいちばん多い答えかもしれません。私はマズいのはイヤですが、毎食、ごちそうでなくても大丈夫。それより重視したいのは栄養価。健康に対しての知識欲があり、食材の栄養価を調べるのも好きです。

自分なりにいろいろ調べた結果、積極的にとりたいと思ったのは、葉茎菜類、根菜類、果菜類、たまご、肉や魚のいずれかと、海藻、小魚など。これらをすべて網羅したのが、いつもの朝ごはんです。「いつも同じ食事で飽きませんか」と聞かれることがありますが、休日のお昼は、そのとき食べたいものを食べるようにしているので、ストレスなく続いています。むしろいつも違った食事だと体が落ち着きません。

いただきます

朝食のメニューは、大量の野菜とたまご、海藻入りのサラダとタンパク質を使ったメイン料理。今日のメインは蒸し料理ですが、煮込みやスープ、刺し身のときも。あとはトマトスープとデザートも必ず。

キューバチェアを購入して以来、朝食はこの椅子に座ってとるようになりました。ボリュームたっぷりなので1時間くらいかけて、ゆっくりいただきます。この食事時間のおともは、大好きなドラマや動画チャンネル！ 壁に映し出して、楽しんでいます。

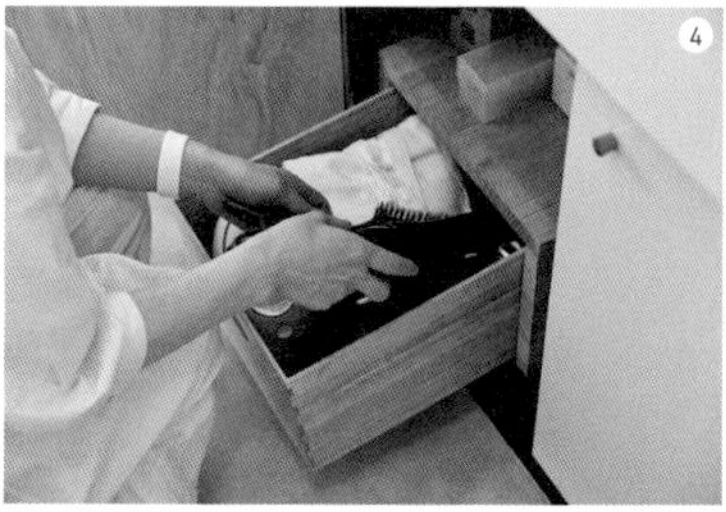

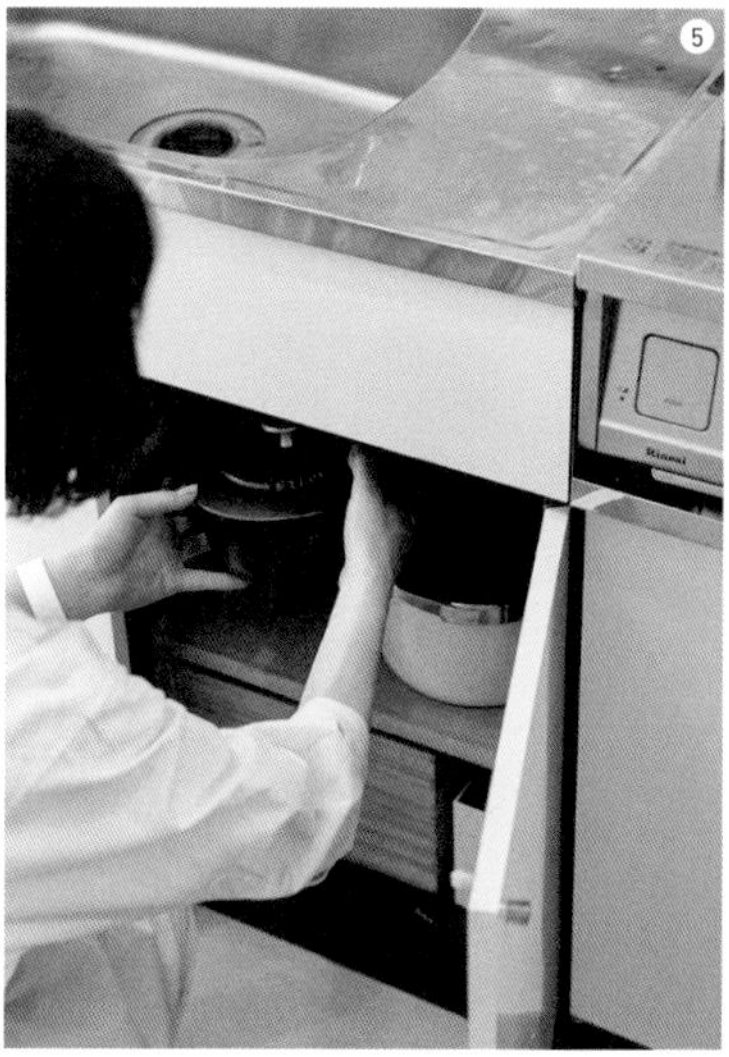

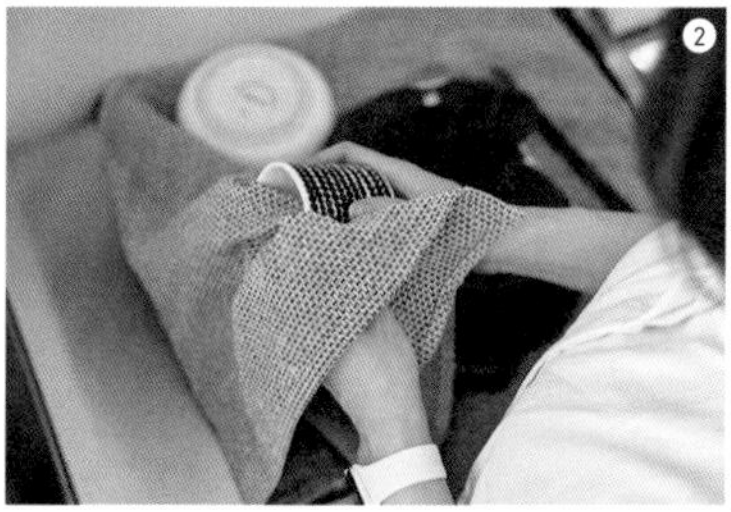

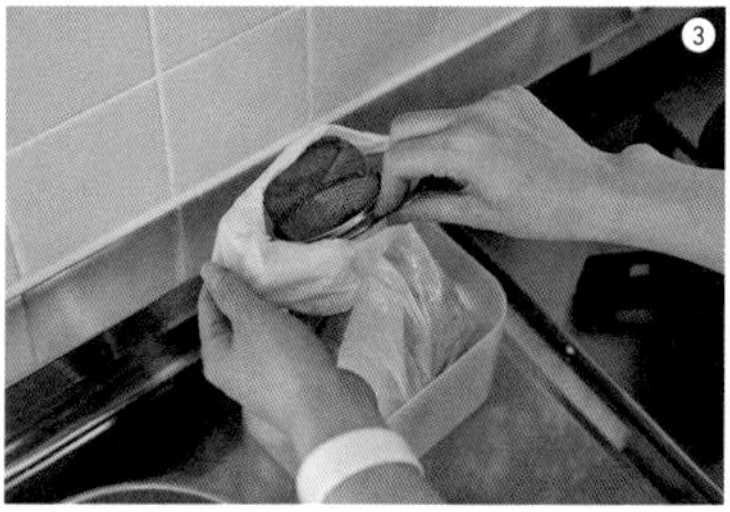

①水切りかごを持っていないのでレンジ台の上にフキンを敷き、その右半分に洗った器を並べて。②洗ったあとはフキンの左半分を使って食器拭き。この方法だとフキン１枚で間に合います。③生ゴミは防臭袋へ。口を数回ねじってしっかり結べばイヤな臭いがしない、推しアイテム！④拭いた器や調理器具を片づける前に、ヘアアイロンをとり出し、加熱しておきます。⑤器や調理器具を定位置へ。場所が決まっていると片づけもスムーズ。苦になりません。

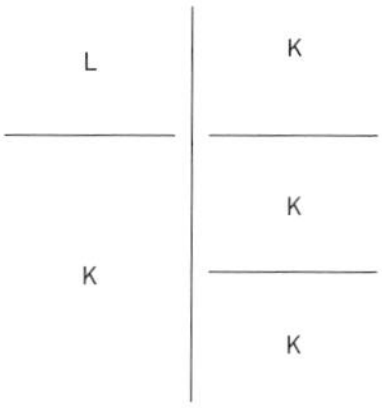

①ヘアセットは玄関の「MOEBE」のウォールミラーで。フレームがなくホコリがたまりません。②ヘアセットの際に「ミルボン」リストラティブ ブローアウト プライマーを、ほんの少し。③押入れからバッグをとり出し出勤準備。鍵と支払い機能も兼ねているスマホは絶対忘れずに！④玄関に置いている身だしなみグッズやイヤホンなどの小物類とiPadをバッグに入れて準備完了。⑤お気に入りの靴を履いて、いってきます！　照明も鍵もスマート化しているので安心です。

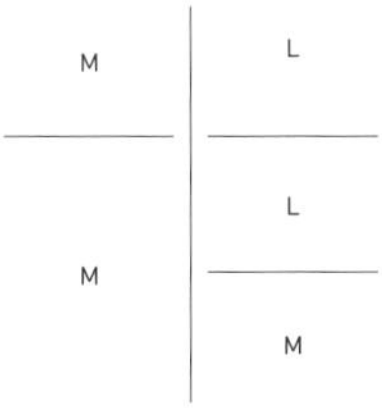

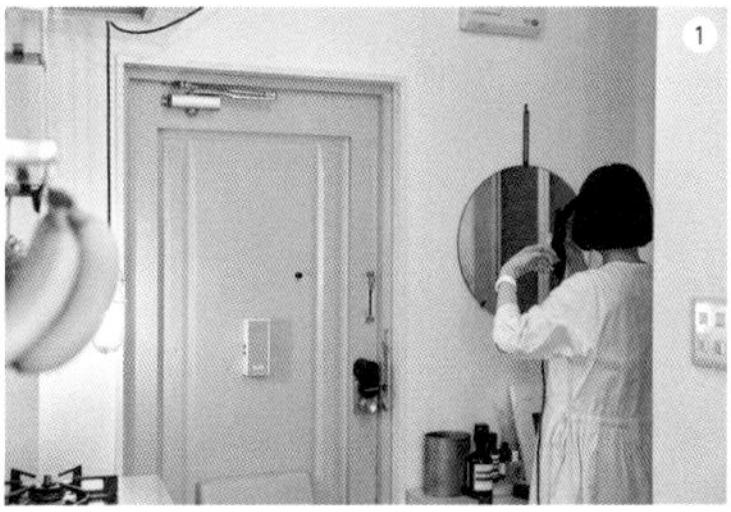

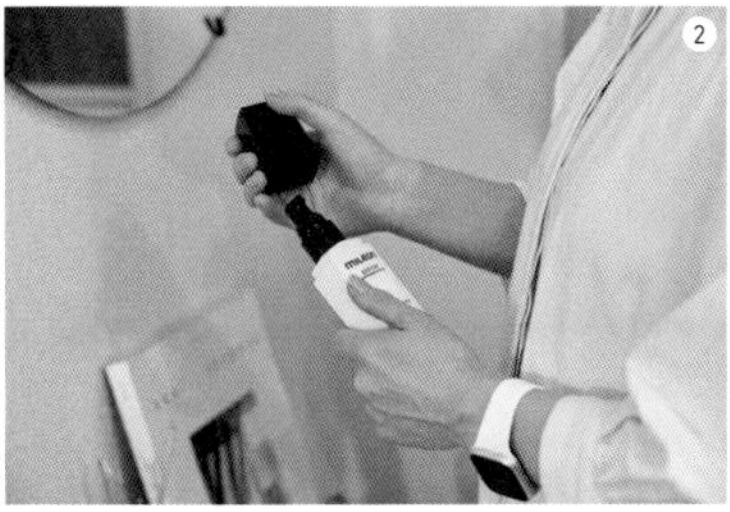

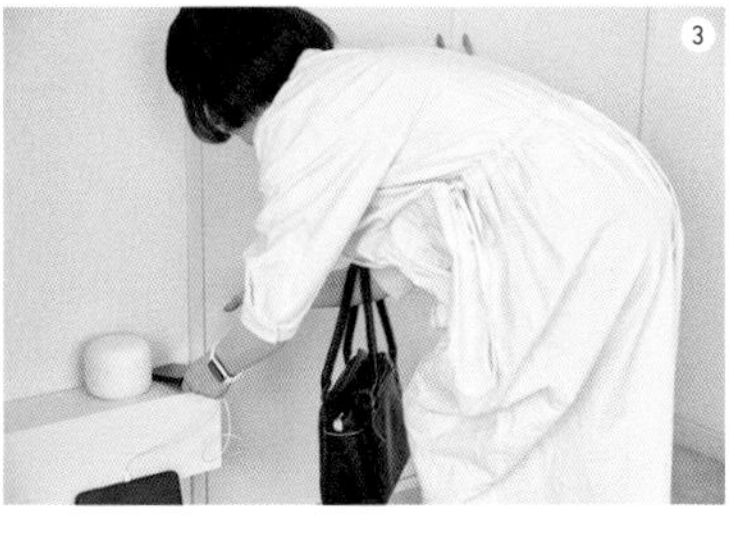

片づけは習慣化して体が勝手に動くようにする

片づけの基本は、ものの置き場を決めること。そしてものを使ったあとは、その場所にしまうこと。この2つが徹底されていると、部屋は散らかりません。ところが、ものの使用目的を終えてしまうと、しまうことが面倒になってしまうんですよね。出すときは特別、意識しないのに。だから、ものをとり出すときと同じように、勢いでしまってしまえばいい。〝使ったらしまう〟の感覚を体に覚えさせ、習慣化してしまうと、〝片づけなきゃ〟と意識することもなくなるはずです。うちの場合、歯磨きのときに使うグラスがそう。キッチンのシンクで歯を磨いているのですが、使い終わったらすぐにレンジ台下のトタンボックスの中にしまっています。

ヘアセットは玄関横のミラーを使うので、その下の靴箱の上でヘアアイロンを加熱。ここなら家事の邪魔にもなりません。

時間は有限。できるだけ効率的に時間を使う

ものが少なくなると、生活もシンプルになるからか、時間の使い方に意識が向くようになりました。スペースに限りがあるように、時間も有限なんですよね。朝のあわただしい時間は、より顕著に〝時間の枠〟を感じます。出かける前に、ひと呼吸おけるゆとりを持つために、とにかく時間のロスを防ぎたい。そう考えた私は、家事や身じたくの流れを見直しました。食器を洗ったら、シンク下のボックスの中からヘアアイロンをとり出し、近くのコンセントにセット。ヘアアイロンがあたたまるまでの間に器や鍋を片づけ……といった具合に、パズルのようにひとつひとつのアクションを組み立てました。収納と同じで、きれいにおさまると気分爽快です。

①ドアの解錠は、スマートロックのおかげでキーいらず。ハンズフリーで開くのがうれしい。②ドアを開けたら自分の世界。帰宅時間に合わせて照明がつくように設定しています。③“バッグは収納場所ではない”と聞いて以来、帰ったらすぐにバッグの中身をとり出しています。④小物収納に使っているのは、「IFUJI」のRIM BOX。ものひとつひとつに役割があるのが好き。⑤バッグは押入れの中に。今日も一日お疲れさま。明日までしっかり休んでもらいましょう。

N N N N N

ただいまー

④

①

②

⑤

③

ひと休みする前に面倒なことを終わらせる

仕事を終えて帰宅し、自宅のドアを開ける、その瞬間がとても好きです。帰宅時間に合わせて点灯するようにセットしている2つの照明が、あたたかな光で迎えてくれ、気持ちは一気にオフモード。ここで、いったんぼーっとしたいところですが、椅子に座るのはグッと我慢。翌日の朝食の下準備や、その他、今日やる予定のタスクを終わらせるまでは、椅子には座らないと決めています。理由は簡単。体をオフモードにしてしまうと、次、立ち上がるのに何倍ものパワーが必要だから。本来、ものすごく怠け者なんでしょうね。性格はなかなか変えられないから、行動でカバー。とはいえ、冷蔵庫に持たれかかって、うだうだしちゃうんですが。

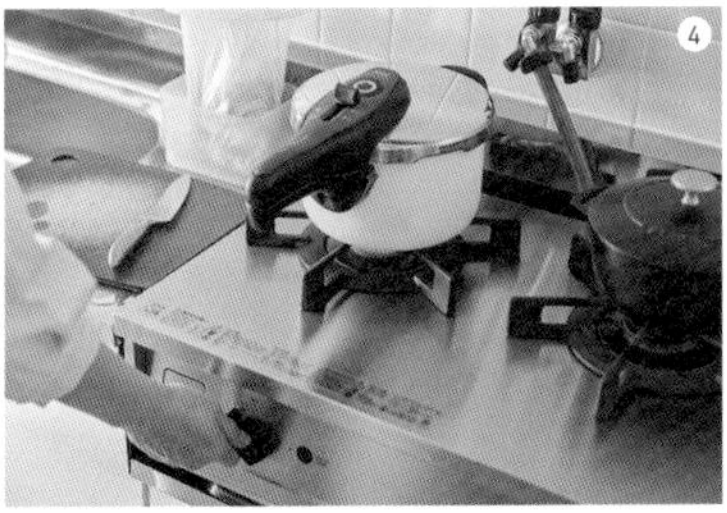

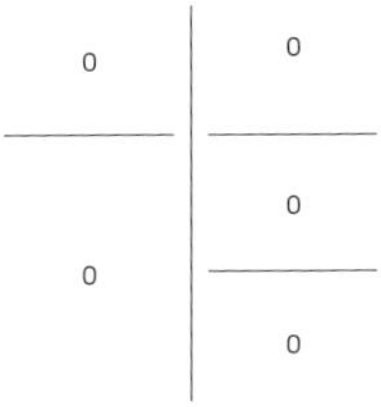

①調理道具も食材も数歩で手にとれるコンパクトさが気に入っています。狭いのは長所！②サラダに添えるじゃがいも、にんじん、たまご、あとはかぼちゃを圧力鍋に入れて、セット。③圧力がかかったら「オッケーグーグル」で、3分タイマー。終了したら火をとめます。④圧力鍋はパーツをとり替えながら大事に使っているもの。料理の時短に欠かせません。⑤次にメイン料理の下準備。野菜はなるべく使いきれる大きさのものを選ぶようにしています。

①メインによくつくるのは蒸し物や煮込み、スープなど。今日は蒸し物にします。②「STAUB」の鍋底に玉ねぎや葉物野菜を入れ、その上に肉や魚を入れて加熱するだけ。なんて簡単！③肉や魚に火が通るまでの合間に、目についたところの拭きそうじをささっと。④圧力鍋で火を通したたまごは粗熱がとれたら殻むきを。つるっとむけるとすごくうれしい。⑤むいたたまごと根野菜を皿に盛り、朝食の下準備が完了。ラップをして置いておきます。

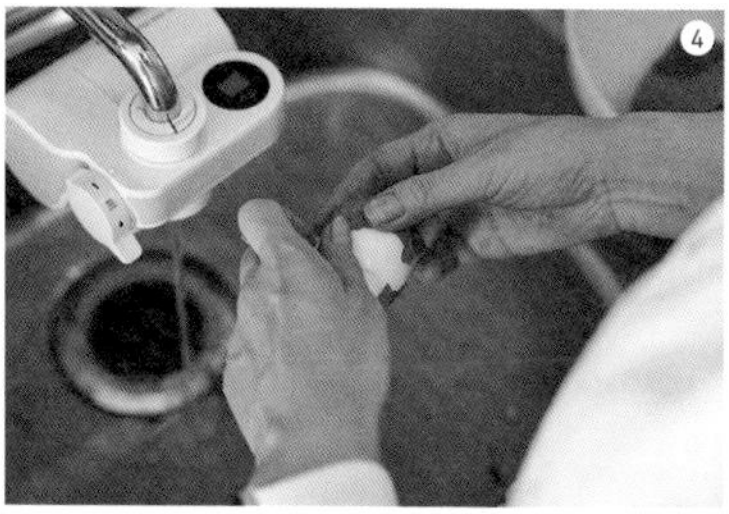

自分の感情や感覚に、もっとわがままに。ひとりの特権を楽しむ暮らし方を

自分はあまり料理が好きではないかもしれない、と気づいたのは、ひとり暮らしを始めてからしばらくたってのことでした。それでも健康的な食事をとりたいので、朝夕と1日2回、自炊を続けていましたが、どうもしっくりこない。

ひょっとすると〝食事は寝る3時間前までに〟や〝日づけが変わる前にふとんに入る〟といったマイルールがあったことも、料理に対するプレッシャーになっていたのかもしれません。

帰宅後、夕飯をつくり、食べたら片づけ。多くの人が毎日やっていることなのに、この〝当たり前〟が、どうにもしんどい。せっかく大好きな自分の家にいるのに、時間に追い立てられて、家時間を満喫でき

ないことにも、不満が募っていきました。

――よし、いっそのこと夕飯づくりをやめてしまおう。

そう思いついたのは自然の流れだったように思います。よくよく考えてみると、だれに気兼ねすることなく、自分の好きなように暮らせるひとり暮らし。家でゆっくり過ごせる時間がほしい。その願いを叶えてあげられるのは、自分でしかありません。

――そのかわり、朝食を栄養たっぷりのメニューにすればいい。

その結果が、現在の朝食です。品数が多く、食べるのに時間がかかるから、朝食づくりにかける朝の時間を軽減するために、前日の夜に下準備をしてしまうことにしました。下準備くらいなら、ちゃちゃっと終わるし、〝食後3時間〟も気にしなくてすみます。

ちなみに夕飯は、おなかが減っていたら、キウイやバナナ、チーズなどをつまむ程度。この暮らしに転換してから、体調もよく、ストレスなく続けられています。

基本の味つけは塩麹。シンプル料理で気持ちをラクに

つくりおきというほどのものではないのですが、肉やきのこは一度で食べきれないので、買ってきたら1食分ごとに小分けにして、塩麹をもみ込み、冷凍しておきます。こうしておくことで、朝食づくりの時短になるし、味もおいしくなるし。料理の際の味つけは基本的に、このときの下味のみ。ふだんはごはんを食べないので、これくらいの塩分がちょうどいいのです。

なお、鶏むね肉や手羽元を購入することが多く、たまに豚肉。味を変えたいときは塩や味噌で味つけしたり、たまにチーズを加えることも。それ以外のものが食べたくなったら、迷わず外食！　そうわりきることで外食をより楽しめるし、日々の料理の負担も減りました。

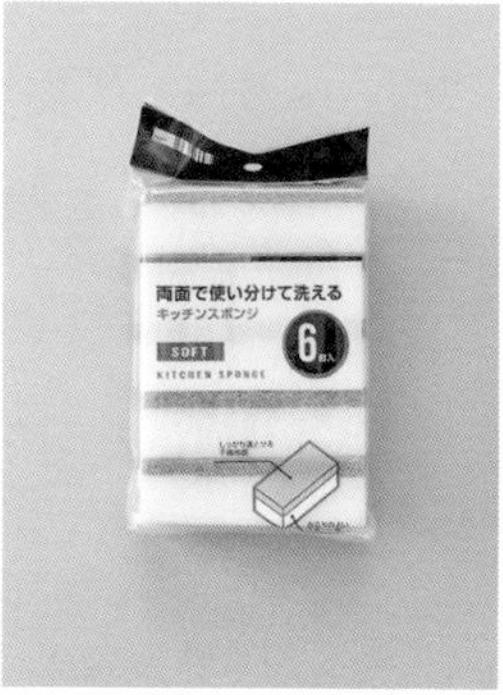

ゴミ出しの日の前日はスポンジ交換ＤＡＹ。ついで家事で、し忘れを防止

うちでは器を洗うのもシンクを洗うのも同じスポンジを使っています。器を洗ったあとに毎回シンクも洗うので、同じスポンジでも気になりません。ただ、排水口の中までとなると話は別。でもたまに洗うもののために、もうひとつスポンジを置くのは避けたい。

　そこで、毎週火曜日のゴミ出しの日の前に、スポンジ交換を兼ねて排水口のそうじをすることにしました。ゴミの日の前に設定することで、スポンジ交換のし忘れを防げるし、排水口のそうじのし忘れも防げます。週１回というのは、頻度が高いほうかもしれませんが、雑菌の繁殖を抑えるのには効果的。コスパのいい「キャンドゥ」の６個入りスポンジに助けられています。

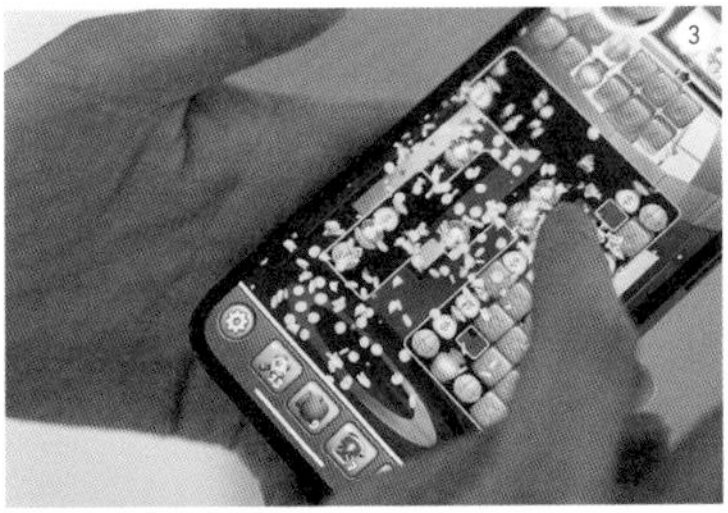

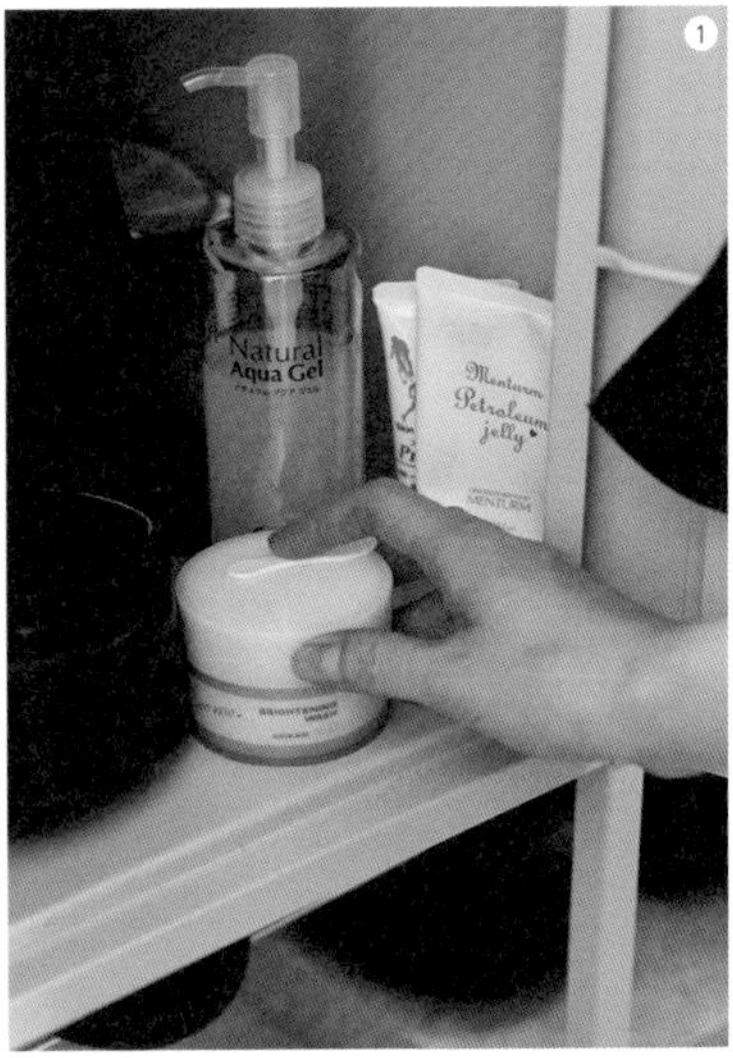

①湯船にお湯をはり、靴箱に入れている洗顔関連のアイテム（p.121参照）を浴室に準備。②お湯がたまったら入浴タイム。シャワーヘッドは「MYTREX」のものにとり替えました。③湯船につかっている間はゲームで気分転換。数分くらいが、罪悪感もわかずちょうどいい。④入浴後のスキンケアは念入りに。ときどきインスタライブを行いながらしています。⑤押入れがドレッサーがわり。中にポータブルライトを置いているので、夜でも問題なし！

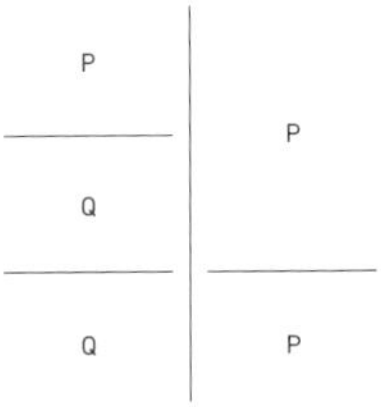

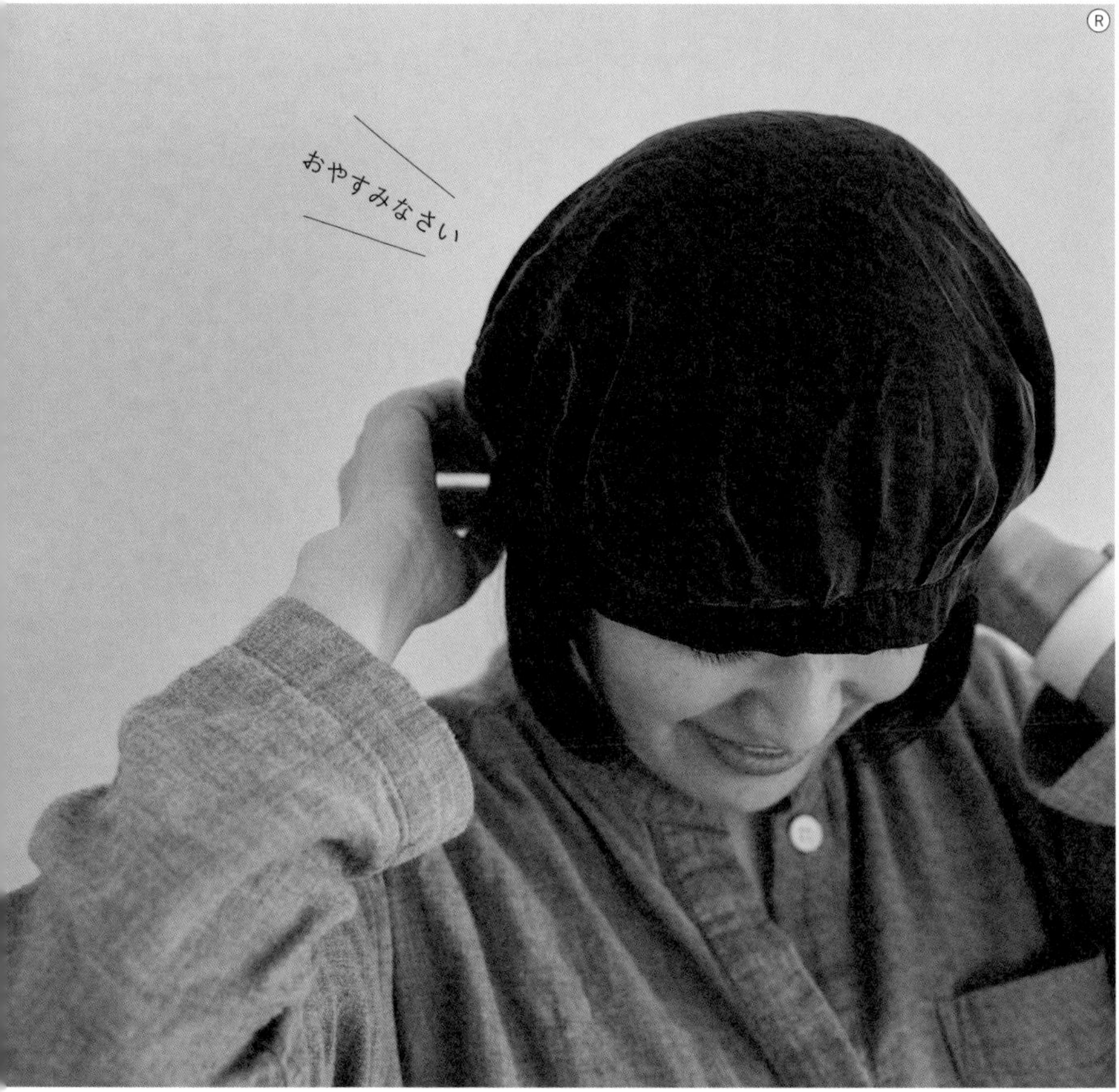

寝る前にシルクのナイトキャップをかぶって寝癖を防止。髪もツヤツヤになりました。

入浴前の浴室はいつもこの乾いた状態。湯シャン派なので、シャンプーやリンスも置いていません。

汚れのもとの水分を払拭して、きれいをキープ

きれいの要は水場にあり。大げさではなく、本当に心からそう思います。そうじでいちばん苦痛なのは、ぬめりや水アカとり。カビとりなんて、大変すぎてやりたくありません。しかもわが家の風呂場には窓がなく、湿気がたまりやすい環境。だからどんなに面倒でも、ぬめりや水アカ、カビが発生しないように、入浴後は必ず水分を拭きとることにしています。それが結果的にラクにつながるんですよね。

やっていること自体は単純で、ミラー、壁、床の水滴をウォータースクイジーで落とし、次に、体をふいたバスタオルで残った水分を拭きとるだけ。

浴室の設備は古くても、きれいだと気持ちよく入浴できます。水場は清潔がいちばん！

自分のために そうじする

ふだん目に入るところはきれいにできても、目に入らないところはつい後回しにしがち。今度時間があるときに、と思っているうちに、見たくない状態に……なんてよくある話。〝やらなきゃ〟と頭ではわかっているのに、行動できない。結局のところ、正しさだけでは気持ちは動かないんですよね。でも、あるとき、〝窓がきれいだと展望も明るくなる〟と聞いてから、進んで窓そうじをするようになりました。〝玄関は運気も出入りする〟と聞いてから、常にすっきりを心がけるようになりました。

ちなみにトイレはきれいにするほど運気も金運もアップするのだそう。もちろん、いつもピカピカ。使うたびに便座の裏側を拭いています。

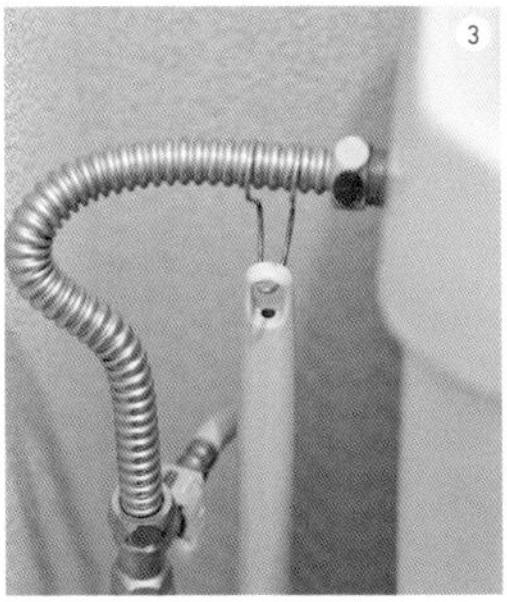

①「FRAMA」のステンレスシェルフを壁にとりつけ、トイレそうじ用品の置き場に。「無印良品」の工具箱の中に流せるトイレブラシを入れています。②トイレットペーパーホルダーは「Kochel」の2連タイプにとり替えました。③デッドスペースにS字フックをとりつけて、ブラシの柄をひっそり収納。

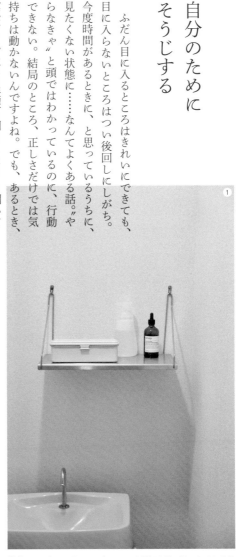

〝捨て活〟後の愛用品

日々がととのうマイ定番
消耗品&そうじグッズ

1.カラフルなものが多いゴム手袋の中で、白いものは貴重な存在。2.“THE生活感”といった存在の輪ゴムですが、モノトーンを選ぶとぐっとおしゃれな雰囲気に。「無印良品」のケースに入れています。3.ワンルーム暮らしにうれしい長巻きタイプの1個売り。なくなってしまう前に1個だけ購入し、ストックを持たないようにしています。4.ティッシュはあまり使わないので、このサイズでじゅうぶん。置いておく場所に困らないコンパクトさが気に入っています。5.柄がついていないのですっきりスマート。ほどよい重みがあり、水がきれいに切れます。6.フックにかけられる穴あきタイプ。使用後、吊るして乾かせるので衛生的。7.ブラシはそのときどきで購入先は変わりますが、白やグレーを選ぶようにしています。これは100円ショップで購入したもの。8.収納場所に困らないコンパクトさながら、高いところのそうじもラクラク！ 9.エアコンや除湿機などのフィルターのそうじ用に。ブラシ部分がへたりにくく、リピ買いしています。10.そうじ機を持っていないので細かいチリはこれでとっています。収納場所に困らないサイズで大助かり。

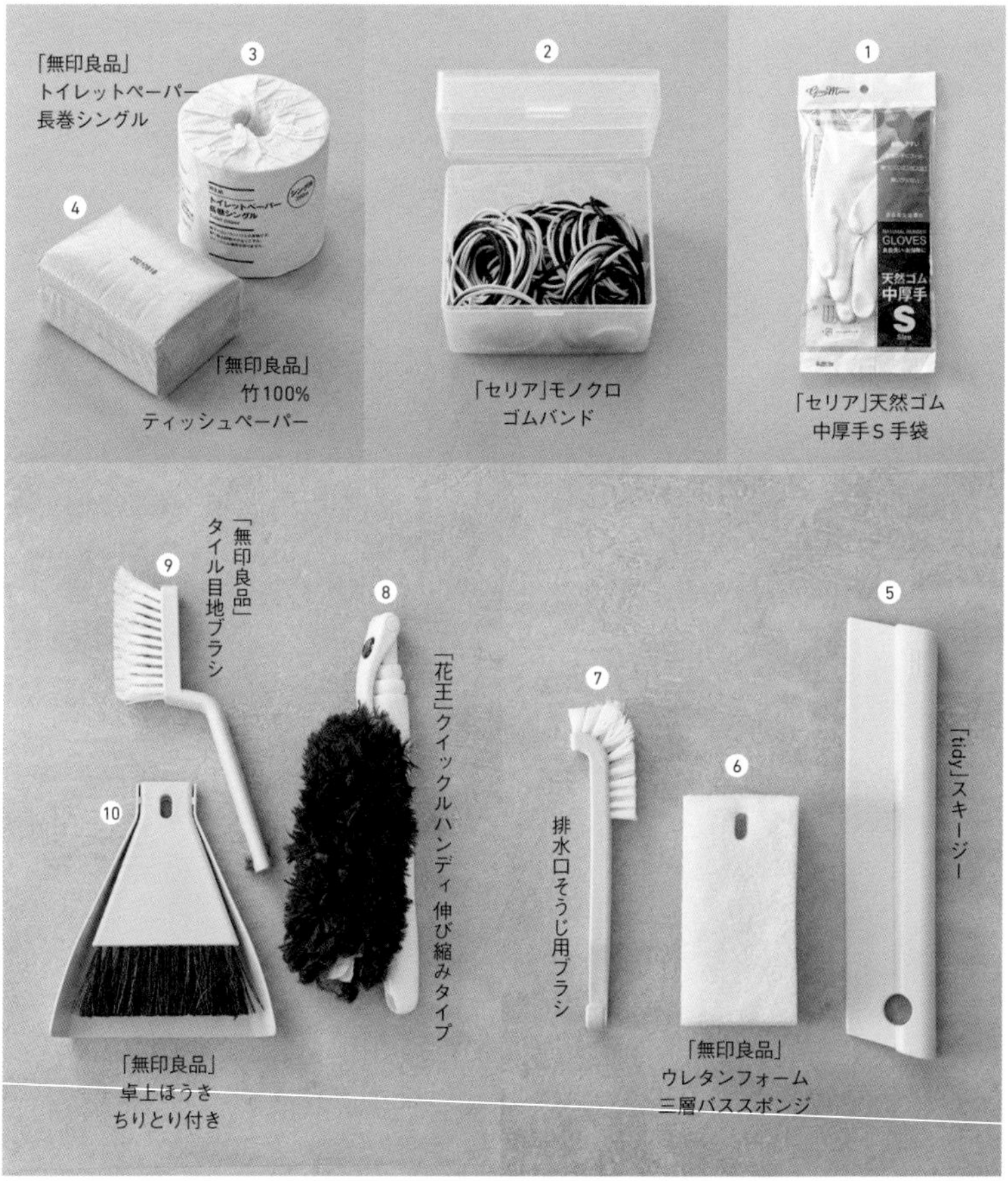

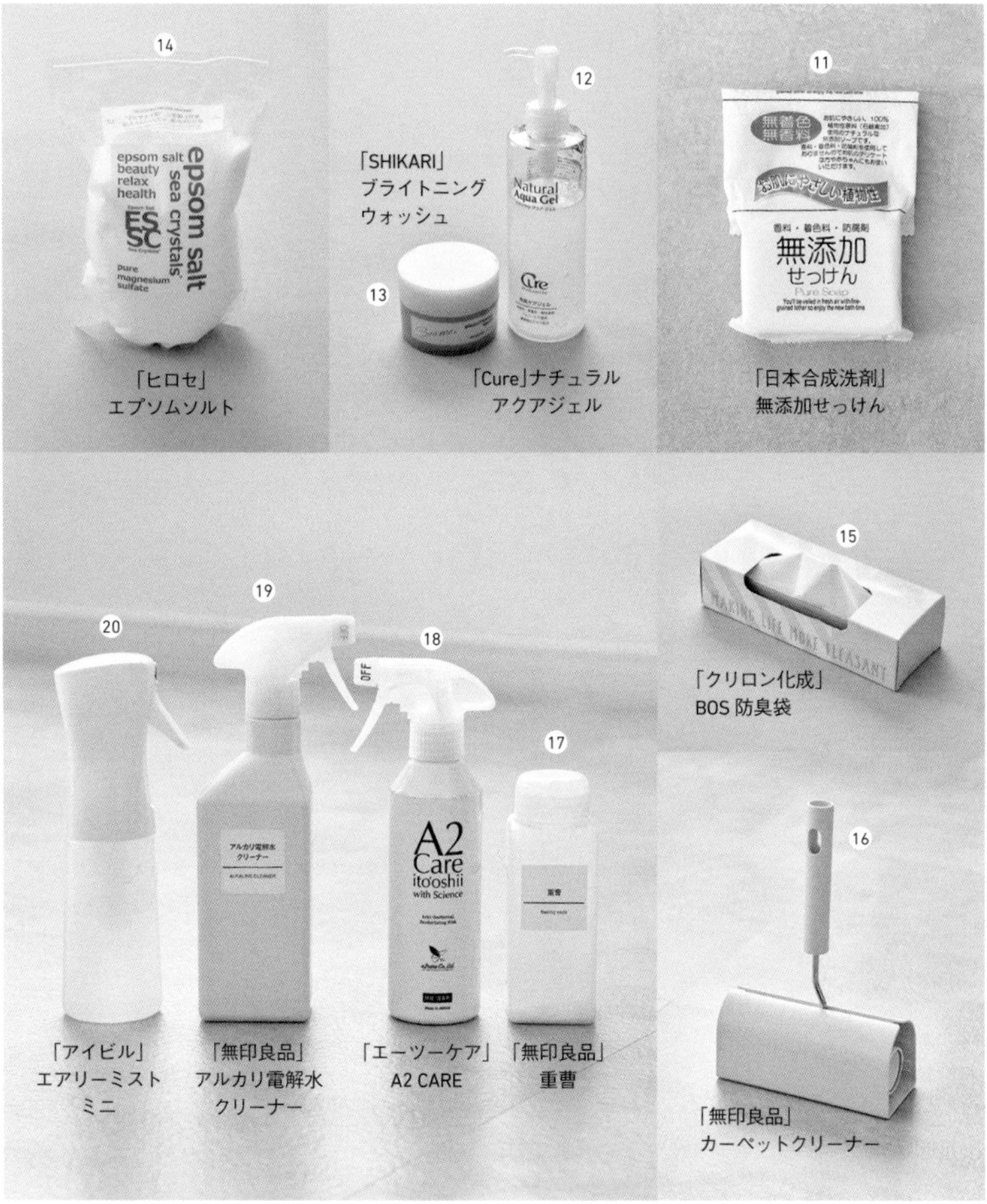

11.体を洗うのは無添加石鹸で。ボディタオルなどは使わず、手でやさしく洗うようにしています。12.入浴時に週に2回ほど、この商品で肌のピーリングをしています。量が多く、価格もお手ごろなので、ボディにも惜しみなく使えます。13.洗顔とパックが同時にできる、すぐれもの。使用後、肌がトーンアップします。シンプルなパッケージも好みです。14.毎晩、使っている入浴剤。しっかり汗が出て、体が冷えにくくなります。15.これに生ゴミを入れると不思議なほど臭いません。カラー展開が豊富ですが、私は白色を愛用しています。16.押入れの中にパンチカーペットを敷いているので、そこのそうじ用に。17.「STAUB」の鍋のコゲ落としに。驚くほどスルッと落ちます。18.成分はほぼ水でできているのに、シュッとひと吹きするとイヤな臭いがとれる魔法のようなアイテム。キッチンやトイレで使っています。19.油汚れや手垢の汚れ落としはこれで。界面活性剤が入っていないのに、汚れがするっととれます。無香料なところもお気に入り。20.植物の葉水用に購入。手動で微細なミストを連続して噴霧できる画期的なアイテム。コンパクトで収納にも困りません。

ノーメイク派だからこそスキンケアは時間をかけて日々のお手入れを

フルメイクは七五三のときに一度だけ。社会人になってもメイクはせずに過ごしてきました。スキンケアにもさほど興味がなく、ワセリンをパパッとつけるくらい。それが40歳を過ぎたころから、肌の衰えをはっきりと感じるようになり……。ようやくスイッチが入った美容への関心。相変わらずノーメイクですが、スキンケアは丁寧にしています。

もともと凝り性なので、一度スイッチが入るとことん。自分に必要な成分は何なのか、どのアイテムが有効なのかを実際に確かめながら、今のラインナップに行き着きました。

手をかけるほどに、見た目でこたえてくれる肌。このうれしさは部屋の片づけとも共通しているような。きれいになるって快感です。

朝の使用品

1.ロートメラノCC. 薬用しみ集中対策プレミアム美容液／ビタミンCのような抗酸化成分が含まれているものは、光ダメージによる老化を防ぐ働きがあるそうです。2.TOUT VERT オールインワンゲル／肌荒れや乾燥肌対策に使い始めたもの。3.キュレル 潤浸保湿 フェイスクリーム ／ SNSで高評価だったのでとり入れました。コスメはクチコミが参考になりますね。4.オバジ ダーマパワーX ステムシャープアイ／目の周りのシワ対策に。ほうれい線にも塗っています。5.WMOAまつ毛美容液／根元用と毛先用がこれ1本に。使い分ける必要がなく、便利です。6.ビオレUV アクアリッチ ウォータリーエッセンス／伸びがよく使いやすい！ 安価なのでケチらずに使えるのも◎。

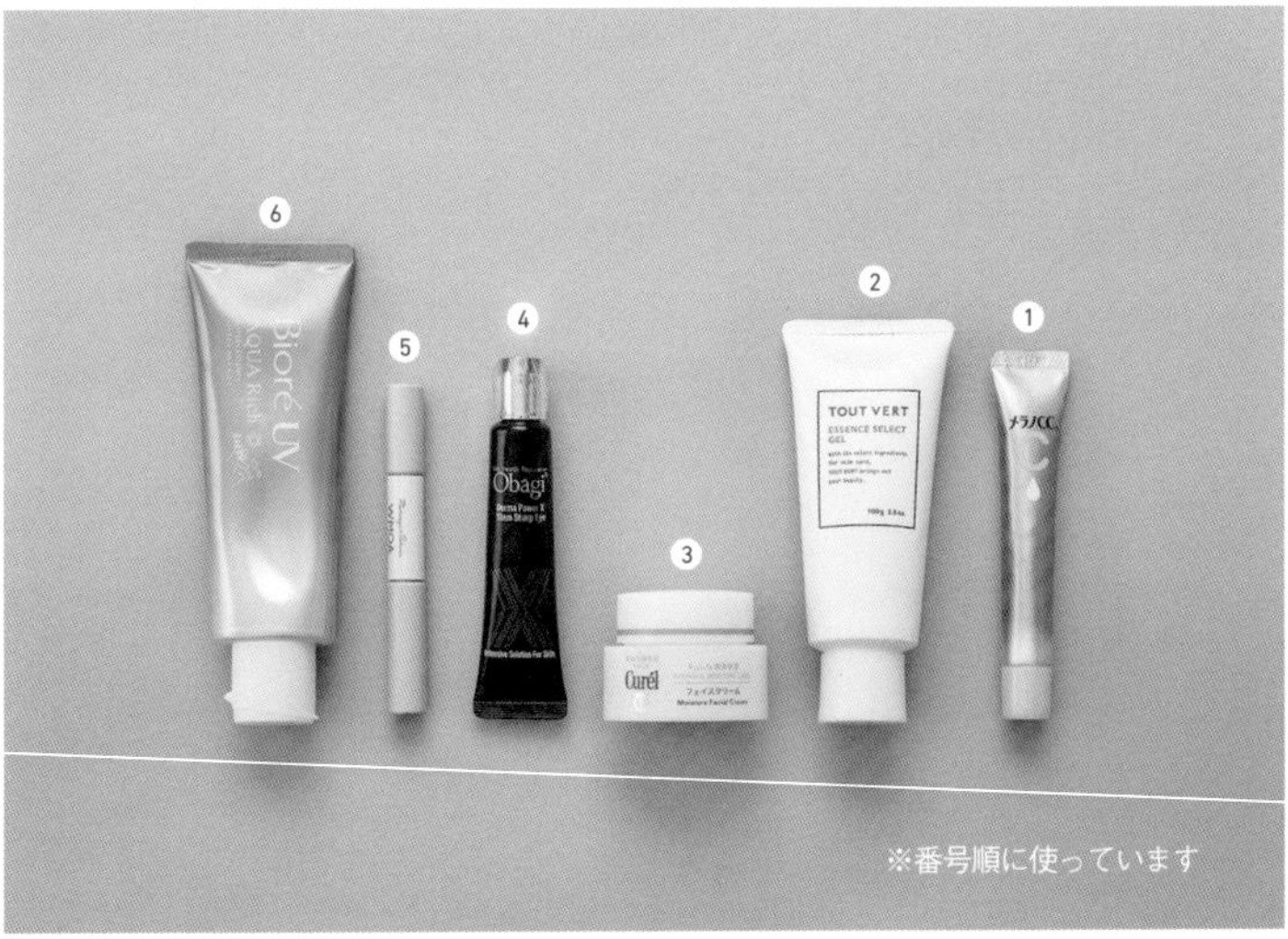

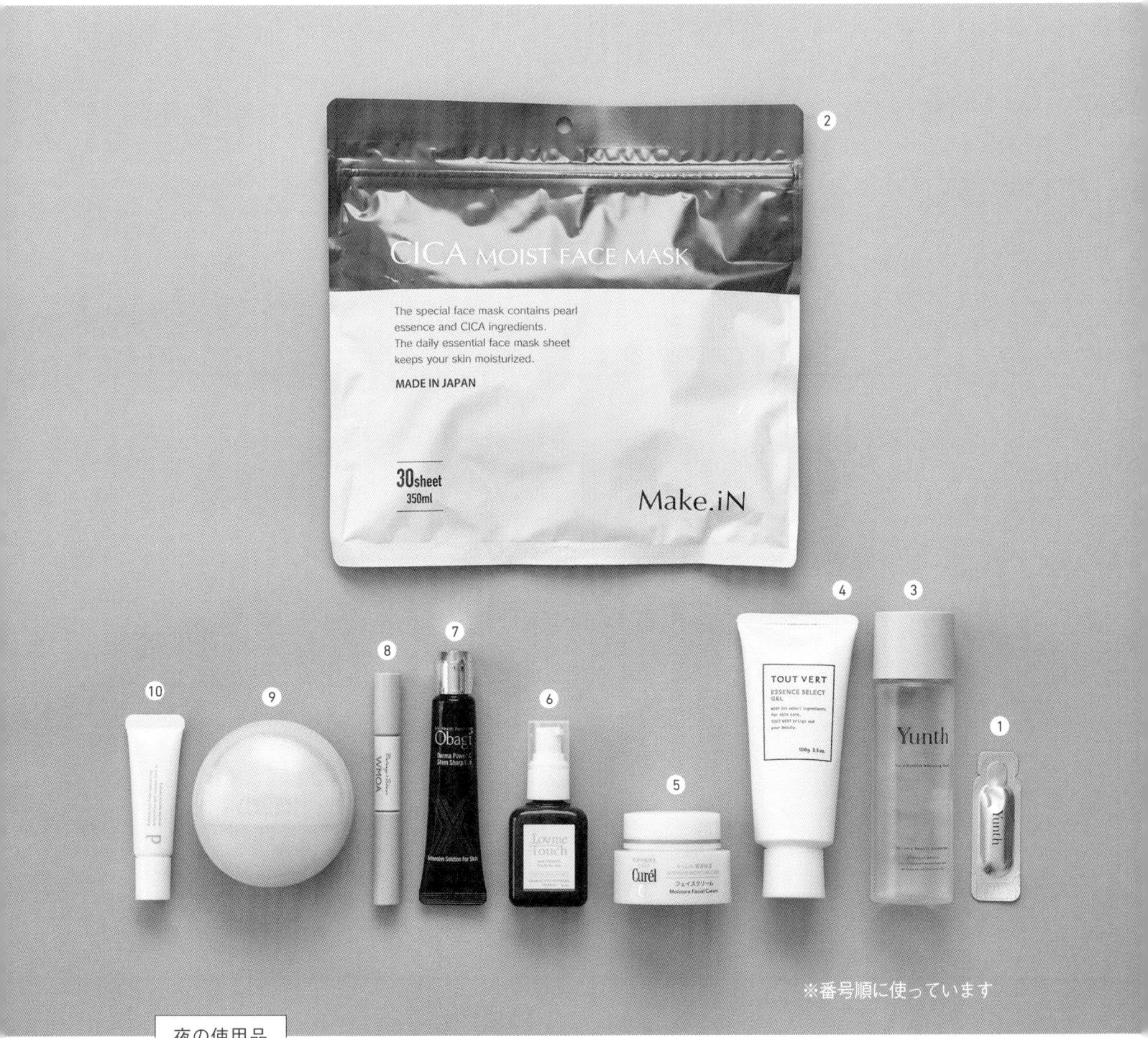

夜の使用品

1.Yunth 生ビタミンC美白美容液／日中、受けてしまった光ダメージの軽減になればと思って。2.CICA MOIST FACE MASK／インスタグラムのフォロワーさんから「Yunth」のあとにシートパックをするとすごく潤うと聞いて使い始めました。3.Yunth ナノバブル美白化粧水／ボトルを振り、ナノバブルを発生させて使う化粧水。肌がもっちりします。4.TOUT VERT オールインワンゲル／肌荒れや乾燥肌対策に使い始めたもの。5.キュレル 潤浸保湿 フェイスクリーム／SNSの口コミで高評価だったので取り入れました。6.ラブミータッチ グラナクティブレチノイド7%ミルク／レチノール反応が起こらないから安心して使えます。肌にハリとツヤが出る！ 7.オバジ ダーマパワーX ステムシャープアイ／目の周りのシワ対策。朝に引き続き夜もしっかりと塗っています。8.WMOA まつ毛美容液／朝と夜と毎日塗り続けると効果がわかりやすい！ 9.資生堂 ホワイトルーセント ブライトニング スキンケアパウダー／スキンケアの仕上げに塗るとサラサラになるパウダー。美白成分入り。10.資生堂 dプログラム リップモイストエッセンス／夜、寝る前に唇が乾くのを防ぐためにつけているリップクリーム。

繰り返しの日々に
息詰まったら
〝捨て活〟をとり入れる

窓から入る西日がこんなにきれいだなんて。

休日の夕方、まるで水面のようにゆらゆらと揺れる光の模様を見ていると、これを上回るぜいたくはないのではないかと思います。

何かを捨てたら、何かが入ってくるというのは本当で、家具が少なくなり、スペースが生まれたことで、私はこの光を得ることができました。

もし、今、変わらない日々、変われない自分に焦燥感を感じている人がいるなら、なにかをプラスすることに目を向けるのではなく、まずは身の回りや状況、自身を客観的に見つめて、いらないものを手放すことをおすすめします。正しい呼吸も〝ちゃんと吐くことから〟といいますしね。

〝捨て活〟は、暮らしの新陳代謝を促す活性剤。今、大切にしたいものは何ですか――。

おわりに

私は片づけで人生が変わりました。

震災を経験し、その後、〝捨て活〟を実行した私の部屋の写真を、たまたま行きつけの美容師さんにお見せしたとき、「インスタやらないんですか？」と言われたのがきっかけで、投稿を始めました。

それからあっという間にフォロワーさんが増えていき、今回、出版のお話をいただいたときは本当にびっくりしたし、人生が変わるってこういうことなんだなぁ、と実感しています。

でも、私がやったことはものを減らしただけ。そこからいろんなことが動き始めたのは間違いないのです。

この本を手にとってくださった方のなかには、今まさに〝捨て活〟中という方も多いと思います。

自分の持ち物を手放すことは、やはり心が痛むことが多いです。それでも負けずに前に進んでほしい！

自分に向き合い、どういうものと生きていくかを考える作業は、自分の人生を考えることだと私は思っています。今、そして、これから先、自分はどう生きていきたいのか。それにはどういうものがふさわしいのか。そうやって選び抜いたものと暮らす生活こそが、「私」が主役の暮らし。――なにより大切にしたいのは、自分自身。

それでいいのです。

みなさまの人生がよりよいものになりますように。微力ながら、私の発信が少しでもお役に立てると本望です。

Staff
装丁・デザイン _ 川村哲司 (atmosphere ltd.)
写真 _ 清永 洋
イラスト _ フジマツ ミキ
編集 _ 多田千里
DTP_ 松田修尚
編集担当 _ 三橋祐子(主婦の友社)

捨《す》て活《かつ》で見《み》つけた
「私《わたし》」が主役《しゅやく》の
ワンルームライフ

令和5年9月30日　第1刷発行
令和5年11月20日　第3刷発行

著 者　apartment301《アパートメントサンマルイチ》
発行者　平野健一
発行所　株式会社主婦の友社
〒141-0021 東京都品川区上大崎3-1-1
目黒セントラルスクエア
電話03-5280-7537(内容・不良品等のお問い合わせ)
049-259-1236(販売)
印刷所　大日本印刷株式会社

ISBN978-4-07-454965-8

■本のご注文は、お近くの書店または主婦の友社コールセンター
(電話0120-916-892)まで。
＊お問い合わせ受付時間　月～金(祝日を除く) 10:00 ～ 16:00
＊個人のお客さまからのよくある質問のご案内
https://shufunotomo.co.jp/faq/

*本書は『衣食住「あたりまえ」の見直し』より一部を抜粋・引用しています。

*本書に記載された情報は、本書発売時点のものになります。刊行後に情報が予告なく変更される場合があります。

*本書に掲載されている製品等はすべて私物です。現在入手できないものもあります。